Sandwich Rezepte

Die 100 leckersten Rezepte für deinen Sandwichmaker

Rezeptübersicht

Vorwort

Du hast einen Sandwichmaker und möchtest ihn endlich richtig nutzen? Du möchtest auch mal andere Sandwiches essen, als immer die gleichen?

Der Sandwichtoaster ist ein unglaublich vielseitiges Küchengerät und erlaubt es, unendlich viele unterschiedliche Sandwiches zu machen. Her findest du 100 Anregungen, für deine nächsten Sandwiches. Lade ein paar Freunde ein und probiert sie aus.

Am Ende des Buches findest du noch Pflegehinweise für deinen Sandwichmaker. Sie sind wichtig, damit du möglichst lange tolle Sandwichs machen kannst.

Fleisch Varianten

American Pastrami-Sandwich

Zutaten: 4 Scheiben Toast (Vollkorn- oder Weizentoast), 200 g Pastrami-Scheiben, 150 g gut schmelzender Käse (z.B. Mozzarella oder Raclette Käse), ½ Rote Zwiebel, 1 saure Gurke

Zubereitung:

Rote Zwiebel schälen und in dünne Scheiben schneiden.

Zwei Toastscheiben mit Pastrami-Scheiben, Gurken und Käse belegen. Dann mit den anderen Toastscheiben verschließen, anschließend im Sandwichmaker toasten.

Cordon-Bleu-Sandwich

Zutaten: 4 Scheiben Sandwichtoast, 1 TL Zitronensaft, 1 TL Currypulver, 200 g Rucola, 2 EL Mayonnaise, 2 Scheiben Kochschinken, 2 Scheiben Emmentaler oder Butterkäse, Salz & Pfeffer

Zubereitung:
Zuerst Rucola Salat waschen und grobe Stile von den Blättern trennen.

Dann Mayonnaise mit einem TL Zitronensaft, einem TL Currypulver und etwas Salz & Pfeffer verrühren.

Bestreiche 2 Scheiben Toast mit der Curry-Mayonnaise und belege sie mit Rucola. Lege ebenfalls eine Scheibe Kochschinken und eine Scheibe Käse auf jedes Sandwich. Verschließe Sie mit einer weiteren Sandwich-Scheibe.
Anschließend die Sandwiches im Sandwichmaker goldbraun toasten.

Speck-Sandwiches

Zutaten: 4 Scheiben Sandwichtoast, 200 g Bacon, 1 kleiner Eisbergsalat, 2 Tomaten, 2 EL Mayonnaise, etwas Öl

Zubereitung:
Eisbergsalat waschen und rupfen. Die Tomaten in dünne Scheiben schneiden.

Dann den Speck in einer Pfanne mit etwas Öl knusprig anbraten.

Zwei Toast-Scheiben mit Mayonnaise bestreichen. Anschließen den Bacon, den Käse, die Tomaten und den Eisbergsalat auf das Sandwich legen. Mit einer weiteren Sandwichscheibe verschließen.

Sandwiches im Sandwichmaker goldbraun toasten.

Schinken-Kartoffelchips-Sandwich

Zutaten: 4 Scheiben Sandwichtoast, 100 g geriebenen Cheddar-Käse, 4 Gewürzgurken, 4 Scheiben Kochschinken, 4 TL Senf, 4 EL Butter, 4 EL Kartoffelchips „Salt & Vinegar“

Zubereitung:
Zuerst die vier Gurken in dünne Scheiben schneiden und zwei der Sandwichtoasts mit Senf bestreichen, Anschließend mit Kochschinken, den Gurkenscheiben und den Chips belegen. Mit einer weiteren Sandwich-Scheibe die Sandwiches verschließen.

Dann die Sandwiches großzügig mit Cheddar-Käse bestreuen und im Sandwichmaker goldbraun toasten.

Lasagne-Sandwich

Zutaten: 6 Scheiben Sandwichtoast, 250 ml passierte Tomaten, 200 g Mozzarella, 2 Scheiben Kochschinken, 100 ml Sauerrahm, 1 Zwiebel, 2 Scheiben Schmelzkäse, 100 g geriebenen Gouda, etwas Öl, Salz & Pfeffer

Zubereitung:
Die Zwiebeln schälen und in Stücke schneiden. Die Stücke anschließend mit etwas Öl in einer Pfanne anbraten. Die passierten Tomaten hinzufügen und die Mischung einkochen lassen.

Salz und Pfeffer in die Pfanne geben und den Sauerrahm ebenfalls hinzufügen und für wenige Minuten weiterkochen.

Zwei Scheiben Toastbrot mit einem Drittel der eingekochten Soße bestreichen. Jeweils eine Scheibe Kochschinken als Belag auflegen. Ebenso die Hälfte des

Mozzarellas auflegen.

Nun eine weitere Scheibe des Sandwichtoasts auf den Belag legen und ebenfalls mit Soße beschmieren. Beide Sandwiches mit Mozzarella belegen und eine weitere Scheibe Toastbrot auflegen.

Diese Scheibe wieder mit der restlichen Soße beschmieren und mit einer Scheibe des Schmelzkäses belegen. Danach die letzten beiden Toastscheiben auf das Sandwich legen und mit geriebenem Gouda bestreuen.

Das Riesen-Sandwich so gut es geht in den Sandwichmaker legen und goldbraun toasten.

Melonen-Schinken-Sandwich

Zutaten: 4 Scheiben Sandwichtoast, 4 dünne Scheiben Netzmelone, 4 EL Joghurtdressing, 6 kleine Scheiben geräucherten Schinken, etwas Eisbergsalat

Zubereitung:
Zuerst Salat waschen und abtropfen. Dann zwei Scheiben des Toasts mit dem Joghurtdressing bestreichen. Auf die bestrichenen Scheiben abwechselnd Melonenscheiben und Schinken auflegen, so dass sich ein Fächer bildet. Ebenfalls ein Salatblatt auflegen.

Die Sandwiches mit einer weiteren Toastscheibe verschließen und im Sandwichmaker goldbraun toasten.

Mango-Puten-Sandwich

Zutaten: 4 Scheiben Sandwichtoast, 2 EL Frischkäse, ½ Mango, ½ rote Paprika, 1 Fleischtomate, 100 g Putenbrust, 2 EL Naturjoghurt, 4 Blätter Lollo Rosso, Salz & Pfeffer

Zubereitung:
Zuerst zwei der Sandwichscheiben mit Frischkäse bestreichen und mit zwei Blättern Salat belegen. Paprika waschen und in dünne Scheiben schneiden. Diese auf den Salat legen und mit Joghurt beträufeln.

Jetzt die Putenbrust auflegen. Die Tomate in dünne Scheiben schneiden, auf die Putenbrust legen und mit Salz und Pfeffer würzen. Anschließend die Mango in Scheiben schneiden und ebenfalls auf die Tomaten legen. Zuletzt die Sandwiches mit einer weiteren Scheibe Toast verschließen.
Die Sandwiches in den Sandwichmaker legen und goldbraun toasten.

Hähnchen-Avocado-Sandwich

Zutaten: 4 Scheiben Toast (Vollkorn- oder Weizentoast),1/2 Hähnchenbrust, 100 g geriebener Cheddar, ½ Avocado, 2 Stängel Koriander, 1 EL Öl, Salz, Pfeffer

Zubereitung:
Hähnchenbrust waschen und in Scheiben schneiden. Salzen & Pfeffern. Das Öl in einer Pfanne erhitzen und die Hähnchenstücke darin kross anbraten.

Avocado von der Schale und dem Kern befreien und in Scheiben schneiden. Koriander waschen, Blätter vom Stängel abrupfen und klein hacken.

Zwei Toastscheiben mit der Hähnchenbrust, den Avocadoscheiben, Cheddar und Koriander belegen. Zum Schluss mit den anderen Toastscheiben verschließen.

.

Hawaii-Sandwich

Zutaten: 8 Scheiben Toast (Vollkorn- oder Weizentoast), 4 Scheiben Schmelzkäse, 4 Scheiben Kochschinken, 4 Scheiben Ananas, 4 Kirschen, etwas Remoulade

Zubereitung:
Auf eine Scheibe Toast den Kochschinken legen und etwas Remoulade darauf verteilen. Die Ananas darauf legen, die Kirsche in die Mitte und den Käse darüber legen.

Sandwich mit einer weiteren Toastscheibe verschließen.

Sandwiches in den Sandwichmaker legen und toasten.

Hähnchen-Bacon-Sandwich

Zutaten: 2 Hähnchenbrustfilets a ca. 125 g, 400 ml Hühnerbrühe, 3 Tomaten, 8 Salatblätter, 12 Streifen Bacon, 12 Scheiben Sandwichtoast, 50 g Butter, 8 Scheiben Cheddar-Käse

Zubereitung:
Als erstes die Hähnchenbrustfilets waschen. Die Hühnerbrühe zum Kochen bringen und die Filets darin einmal aufkochen lassen. Im zugedeckten Kochtopf ca. 15 Minuten gar ziehen lassen.

Tomaten für ca. 30 Sekunden in kochendes Wasser tauchen. Dann einmal kalt abspülen, die Tomatenhaut abziehen und das Fruchtfleisch in Scheiben schneiden. Den Salat waschen und trocknen. Die Hähnchenbrustfilets abtropfen lassen und anschließend zerzupfen.

Den Bacon in einer Pfanne ohne Öl von allen Seiten leicht gebräunt braten. Anschließend auf einem Küchenpapier abtropfen lassen. Die Toastscheiben von beiden Seiten mit Butter bestreichen.

Jeweils 3 Scheiben Toast mit Bacon, Tomate, Salat, Käse und dem Hähnchenfleisch zu Sandwiches zusammensetzen und im Sandwichmaker toasten.

Parmaschinken-Käse-Sandwich

Zutaten: 1 große feste Tomate, 4 Stängel Basilikum, 2 TL Ketchup, 200 g Frischkäse, Salz & Pfeffer, 6 Scheiben Sandwichtoast, 50 g Parmaschinken fein geschnitten, 50 g Ziegenkäse in dünnen Scheiben, 3 EL Pesto grün

Zubereitung:
Die Tomate ein paar Sekunden überbrühen, mit kaltem Wasser abschrecken, häuten, vierteln und in Würfel schneiden. Die Hälfte vom Basilikum waschen, trocknen und fein hacken. Anschließend zusammen mit den Tomatenwürfeln, Ketchup, Salz & Pfeffer mit ca. 2/3 des Frischkäses verrühren.

Die Sandwich-Scheiben im Sandwichmaker goldgelb toasten und nebeneinander auf einem Brett auslegen. Je 2 Scheiben mit dem restlichen Frischkäse bestreichen und mit dem Käse belegen. Die fertige Frischkäsemischung auf zwei weitere Scheiben verteilen, glatt streichen und mit Schinken belegen. Die letzten Sandwich-Scheiben mit Pesto bestreichen, diese mit dem Pesto nach unten auf die Scheiben mit Ziegenkäse setzen.

Die so entstandene Sandwich-Scheibe wird auf die Scheibe mit Schinken gesetzt. Das anschließend fertige Sandwich diagonal halbieren und mit Basilikum garniert servieren.

Asia-Chicken Sandwich

Zubereitungszeit: 20 Minuten

Zutaten: 2 Port. Hühnerbrust, 4 EL Sojasauce (dunkel), 4 EL Sojasauce (süß), 4 EL Worcestersauce, 4 EL Teriyakisauce, 6 EL Essig, 5 EL Honig, 3 EL Tomatenmark, 2 EL Senf, (Dijonsenf, körniger), 2 EL Senf, (Dijonsenf, normaler), 6 Blätter Salat, 2 Tomaten, 6 Peperoni, eingelegte, 150 g Gouda, 1 Baguette, Salz und Pfeffer, Keimöl, Mehl

Zubereitung:

Das Fleisch in mittelgroße Stücke schneiden, in eine Schüssel geben und die Sojasaucen, Worcestersauce, 3 EL Essig, 3 EL Honig, den normalen Senf, Teriyakisauce und Tomatenmark dazugeben und alles gut durchmischen.

Für das Dressing mischen wir nun 2 EL Honig, mit 3 EL Essig und dem körnigen Senf, geben dann noch etwas Maiskeimöl dazu und schmecken mit Pfeffer und Salz ab.

Jetzt den Salat und die Tomaten waschen. Die sauberen Tomaten und den Käse in Scheiben und die Peperoni in kleine Stücke schneiden. Parallel den Backofen auf 200°C aufheizen.

Das Baguette längs aufschneiden und kurz mit der Schnittfläche nach oben in den Ofen geben. Dann das marinierte Fleisch mit etwas Mehl bestäuben und in einer heißen Pfanne in etwas Öl anbraten.

Das Brot wieder aus dem Ofen nehmen, die Unterseite mit dem Käse belegen und wieder kurz im Ofen überbacken, bis der Käse geschmolzen ist, dann wieder herausnehmen und den Ofen ausschalten.

Das Fleisch wird unter ständigem Rühren einige Minuten gebraten (durch, aber noch saftig). Anschließend das Baguette mit dem Fleisch belegen. Oben drauf kommen dann noch die Salatblätter, Tomaten und Peperoni. Zum Schluss noch die Salatsauce darüber träufeln. Den Baguettedeckel auflegen und das Ganze in mundgerechte, kleinere Portionen schneiden und servieren.

Baguette mit Wurst und Hähnchenleber-Pastete

Zubereitungszeit: 10 Minuten

Zutaten: 2 Baguette-Brötchen, Mayonnaise, Butter, Sojasauce, Wurst (Aufschnitt nach Wahl), Hähnchenleber-Pastete (vietnamesische Pâte), 2 EL Gemüse (Do Chua: eingelegte Rettich- und Karottenstreifen), Gurke, Koriandergrün, Chili, 2 Frühlingszwiebeln

Zubereitung:

Das Brot längs aufschneiden (aber nicht durchschneiden, damit eine Art Tasche entsteht. Eventuell das Brot etwas aushöhlen. Eine Seite mit Butter, die andere mit Mayonnaise bestreichen. Auf die Butter die Hähnchenleberpastete streichen, auf die Mayonnaise die Wurst legen. Alles mit Sojasoße beträufeln.

Die Rettich- und Karottenstreifen und alle anderen Zutaten auf dem Baguette verteilen. Das Sandwich zuklappen und servieren.

Puten-Avocado-Sandwich

Zutaten: 1 ½ Avocados, 2 EL Zitronensaft, 2 EL Honig, 2 EL Senf mittelscharf, 4 Scheiben Sandwichtoast Vollkorn, 80 g fettarmer Frischkäse, 100 g Putenschinken dünn geschnitten, 4 EL Radieschensprossen oder Kresse, Salz & Pfeffer

Zubereitung:
Avocados schälen, halbieren, entkernen und in feine Scheiben schneiden. Anschließend in eine Schale mit dem Zitronensaft geben. Die Sandwich-Scheiben mit einem Wellholz flach rollen und ganz kurz toasten.

Die Scheiben dann mit Frischkäse bestreichen und anschließend 2 Scheiben mit dem Schinken belegen.

Den Senf mit dem Honig verrühren, auf den Schinken streichen und die Avocados darüber geben. Anschließend die Sprossen darüber verteilen, würzen und mit den übrigen Sandwich-Scheiben bedecken. Das Sandwich etwas zusammendrücken, diagonal halbieren und servieren.

Sauerkraut-Sandwich

Zutaten: 4 Scheiben Sandwichtoast, ½ grüne Paprika, 4 Scheiben Schweinebratenaufschnitt, 1 TL scharfer Senf, ½ Dose Sauerkraut, 1 EL Sahnemeerrettich, 1 Prise Zucker, Salz & Pfeffer, Öl

Zubereitung:
Der Frischkäse wird im ersten Schritt mit dem Senf und dem Sahnemeerrettich verrührt. Die Mischung wird mit Salz und Pfeffer abgeschmeckt.

Nun das Sauerkraut aus der Dose holen und abtropfen lassen. Die Paprika waschen, putzen und vom Kerngehäuse befreien. Anschließend in kleine Würfel schneiden. Die vier Scheiben des Schweinebratenaufschnitts in kleine Würfel schneiden. Den Sandwichmaker anschließen und auf Temperatur kommen lassen.

Die Hälfte der Toastscheiben mit der Frischkäsecreme bestreichen und im Anschluss mit den Paprika- und Fleischwürfeln belegen. Jetzt das Sauerkraut auf die Sandwichscheiben legen. Anschließend die Sandwiches mit den restlichen Toastscheiben verschließen. Zuletzt im Sandwichmaker goldbraun toasten.

Käse-Salami-Mais Sandwich

Zutaten: 2 Baguette Brötchen zum Aufbacken, 2 Schalotten, Öl, 3 EL Tomatenmark, 40 ml Gemüsebrühe, Chili-Pulver, Salz, Pfeffer, Thymian, Oregano, Salami, ½ kleine Dose Gemüsemais, Käse gerieben

Zubereitung:

Backe die Baguettes nach Packungsanweisung im Backofen auf.

Als nächstes schälst du die Schalotten und schneidest sie in kleine Würfel. Dünste sie in einer Pfanne mit ein bisschen Öl kurz an, gib das Tomatenmark dazu und lösch das Ganze mit der Gemüsebrühe ab. Nach ca. 10 minütigem köcheln kannst du nun das Ganze mit Salz, Pfeffer, Chili, Thymian und Oregano würzen.

Halbiere danach die Baguette Brötchen und bestreiche sie mit der Soße.

Anschließend belegst du die Baguettes nach Belieben mit der Salami und dem Mais und gibst zum Schluss noch den geriebenen Käse oben drauf.

Würstchen-Kartoffel-Sandwich

Zutaten: 4 Scheiben Sandwichtoast, 1 Zwiebel, 1 große Kartoffel, 1 Ei, 4 Salatblätter, 2 EL Zitronensaft, 1 Gewürzgurke, 1 Wiener Würstchen, 3 EL Mayonnaise, Salz & Pfeffer, Öl

Zubereitung:
Das Ei wird 10 Minuten hart gekocht, gepellt und in feine Würfel geschnitten.

Die Kartoffel wird geschält, gekocht und in dünne Scheiben geschnitten. Ebenfalls wird das Würstchen in feine Scheiben geschnitten. Die Zwiebel schälen und kleinhacken,

Gewürzgurke fein schneiden und alle geschnittenen Zutaten mit der Mayonnaise vermengen. Mit Salz und Pfeffer würzen und etwas Zitronensaft hinzugeben.

Salat waschen und abtropfen.

Zwischen 2 Sandwichscheiben werden jeweils ein Blatt Salat und eine große Portion des Würstchen-Kartoffel-Salats gelegt. Anschließend im Sandwichmaker goldbraun toasten.

Pulled-Pork Sandwich

Zutaten: – 4 Scheiben Toast (Vollkorn- oder Weizentoast) – 4 Blätter Römersalat – Käse, gerieben – 300 Gramm Pulled Pork – BBQ Sauce – 4 TL Senf

Zubereitung:

Als allererstes wäschst und trocknest du den Salat.

Dann vermengst du den geriebenen Käse mit dem Pulled Pork Fleisch und der BBQ Sauce zu einer Masse.

Bestreiche die Toast Scheiben mit Senf und gib eine ordentliche Portion der Fleischmischung hinzu.

Belege das Sandwich mit frischen Salatblättern, bedecke das Ganze mit einer weiteren Scheibe Toast und leg das Sandwich für einige Minuten in den Sandwichmaker.

Gyros Sandwich

Zutaten: 2 kleine Pitabrote, 1 Tomate, Feta Käse, 250 Gramm TK-Pfannengyros, Salat, 100 Gramm Tzaziki, 100 Gramm Krautsalat

Zubereitung:

Zunächst musst du das Gyros in einer mit ein wenig Öl erhitzten Pfanne anbraten, siehe Packungsangabe.

In der Zwischenzeit kannst du schon einmal den Salat und die Tomate waschen und abtrocknen. Letztere kannst du in dünne Scheiben schneiden, den Feta Käse kannst du würfeln.

Danach solltest du die Pitabrote nach Anweisung aufbacken oder antoasten.

Anschließend öffnest du die Teigtaschen und gibst den Salat, die Tomate, den Krautsalat, Feta und das Gyros hinein. Zum Schluss kommt noch das Tzaziki oben drauf und das Ganze landet noch einmal für wenige Minuten im Sandwichmaker.

Sandwich mit Wurst und Baked Beans

Zutaten: 4 Scheiben Toast (Vollkorn- oder Weizentoast), 1 Knoblauchzehe, 100 Gramm Baked Beans, aus der Dose, 2 EL Worcestersauce, 1 EL Weißweinessig, Salz Zucker, 6 Wiener Würstchen, halbiert, Speck, Cheddar 4 EL Sauerkraut, aus der Dose

Zubereitung:

Als erstes vermengst du Bohnen, Worcestersauce, Essig und eine Prise Salz, sowie einer Prise Zucker. Gib außerdem auch die Knoblauchzehe, in sehr kleine Würfel geschnitten, dazu und pürier das Ganze zu einer einheitlichen Creme.

Als nächstes ummantelst du die Würstchen mit dem Speck und brätst sie kurz von allen Seiten an.

Bestreiche dann die Sandwichs mit der Bohnenpaste, sie mit Cheddar und Würstchen und tue oben das Sauerkraut drauf.

Schließe das Ganze mit einer weiteren Scheibe Toast ab und lass es kurz im Sandwichmaker goldbraun rösten.

Käse-Schinken-Tomatenbutter Sandwich

Zutaten: 60 g getrocknete Tomaten in Öl, 1 Knoblauchzehe, 60 g weiche Butter, Salz, Cayennepfeffer, 8 Scheiben Sandwichtoast, 1 Handvoll Brunnenkresse, 4 Scheiben Schinken, 4 Scheiben Käse, z.B. Gouda

Zubereitung:
Die getrockneten Tomaten gut abtropfen lassen und anschließend fein hacken. Den Knoblauch schälen und ebenso fein hacken. Die Tomaten unter die Butter mengen und mit Salz und Cayennepfeffer würzen. Die Sandwich-Scheiben im Sandwichmaker goldbraun toasten, etwas abkühlen lassen und mit der fertigen Butter bestreichen,

Die Kresse waschen und trocknen. Diese dann auf die Butter streuen und jeweils vier Toastscheiben mit dem Käse und dem Schinken belegen. Die restlichen Toastscheiben darauf legen.

Käse-Hack-Sandwich

Zutaten: 300 g Hackfleisch, 100 g Tomatenmark, 8 Scheiben Toastbrot, 4 Scheiben Käse, Oregano, Salz & Pfeffer, Butter

Zubereitung:
Das Hackfleisch zuerst in etwas Öl krümelig anbraten, dabei kräftig mit Oregano, Salz und Pfeffer würzen. Sobald das Hackfleisch gar ist, wird das Tomatenmark und ein wenig Wasser hinzugefügt. Die Masse streichfähig mischen.

Die Sandwich-Scheiben mit Butter bestreichen, die fertige Hackmasse auf 4 Scheiben verteilen, den Käse darauf legen und mit den anderen 4 Scheiben bedecken. Schließlich in den Sandwichmaker legen.

Chicken-Mango-Sandwich

Zutaten: 4 Scheiben Toast, 12 Chicken-Nuggets, ½ reife Mango, ¼ Salatgurke, 1 Bio-Zitrone, 1 Handvoll Rauke, 4 EL Salatmayonnaise, 1 EL Sweet-Chilli-Sauce, Salz & Pfeffer

Zubereitung:
Die Mango schälen, das Fruchtfleisch vom Kern schneiden, grob würfeln und in einem Becher mit der Sweet-Chillli-Sauce pürieren. Mit Salz und Pfeffer abschmecken. Die Hälfte der Zitronenschale fein abreiben und in einer Schale mit der Salatmayonnaise verrühren.

Die Chicken-Nuggets nach der Packungsanleitung zubereiten und auf einem Küchenpapier abtropfen lassen.

Die Gurke längs vierteln, die Kerne entfernen und längs

in dünne Streifen schneiden. In einer Schüssel mit Salz würzen und kurz ziehen lassen. Die Rauke waschen und trocknen.

Die Sandwich-Scheiben im Sandwichmaker toasten und dann mit der Salatmayonnaise bestreichen. Darauf dann die Gurkenstreifen und die Chicken-Nuggets verteilen. Mit Rauke und der fertigen Mango-Chilli-Sauce belegen. Halbieren und servieren.

Käse-Steak-Sandwich

Zutaten: 6 Scheiben Süßkartoffel Sandwich, 250 g Steak (ca. 1,5 cm dick), 4 Scheiben Schmelzkäse, 3 große Blätter Eisbergsalat, 1 Tomate, 2 EL Röstzwiebeln, 2 EL Mayonnaise, 50 ml Milch, 3 TL Pflanzenöl, 1 Spritzer Tabasco, Salz & Pfeffer, 1 TL Weißweinessig, ½ Tl geräuchertes Paprikapulver

Zubereitung:
Die Milch in einem Topf erhitzen, den Schmelzkäse einrühren und mit dem Paprikapulver, Tabasco, Salz & Pfeffer kräftig abschmecken..

Die Tomate würfeln, salzen und pfeffern und mit der Mayonnaise verrühren. Den Eisbergsalat in Streifen schneiden, mit Essig und 1 TL Öl vermengen.

Das restliche Öl in einer Pfanne erhitzen und das Steak bei sehr großer Htze von beiden Seiten je 2 Minuten medium braten. Anschließend auf einem Teller ruhen lassen. Die Sandwiches dann im Sandwichmaker goldbraun rösten.

Zwei Sandwich-Scheiben mit jeweils 1 EL Käsesauce bestreichen und darauf die Salatstreifen und die Tomatenwürfel verteilen. Weitere Scheiben darauflegen. Das Steak schräg in Streifen schneiden und ebenfalls darauf verteilen. Nach Belieben Röstzwiebeln und Käsesauce hinzufügen und mit den restlichen Scheiben zudecken.

Chicken-Cheese-Sandwich

Zutaten: 200 g Hähnchenbrustfilet, 1 EL Mais Keim Öl, Pfeffer & Salz, 4 Sandwich-Scheiben, 40 g Lauch Zwiebeln, 60 g Gorgonzola Käse, 40 g frischen Parmesan, 2 EL glatte Petersilie, 10 g Butter

Zubereitung:

Für das Chicken-Cheese-Sandwich das Hähnchenbrustfilet von beiden Seiten kurz und kräftig anbraten. Die Temperatur dann auf mittlere Stufe schalten. 15 Minuten unter gelegentlichem Wenden gar braten.

Mit Salz und Pfeffer würzen. Das Chicken-Cheese-Sandwich schmeckt besonders gut mit frischem Weißbrot. Für die Füllung zuerst die Zwiebeln in Ringe schneiden. Dann mit dem Gorgonzola, geraspeltem Parmesan und der klein geschnittenen Petersilie mischen.

Den Sandwichmaker vorheizen und mit etwas Butter einpinseln. Das fertige Hähnchenbrustfilet in Streifen schneiden. Die Chicken-Cheese-Füllung auf zwei Sandwich-Scheiben verteilen. Dann mit den restlichen Scheiben bedecken und im Sandwichmaker goldbraun toasten.

Coleslaw-Sandwich

Zutaten: 70 g Weißkohl, 30 g Karotten, 3 EL Thousand Island Dressing, 2 Sandwich-Scheiben, 20 g Eisbergsalat, 80 g Putenbrustaufschnitt

Zubereitung:
Zuerst für den Coleslaw den Weißkohl und die Karotten in möglichst feine Streifen schneiden und mit 2 EL Thousand Island Dressing vermischen.

Zwei Sandwich-Scheiben goldbraun rösten, dann mit dem restlichen Dressing dünn einstreichen und jeweils in zwei Dreiecke schneiden.

Jeweils ein Blatt Eisbergsalat auf die untere Hälfte vom Sandwich legen und den Putenbrustaufschnitt auf dem Salat anrichten. Den Coleslaw auf dem Sandwich verteilen und mit der oberen Hälfte vom Toast bedecken.

Frühstücks-Sandwich

Zutaten: 4 Scheiben Vollkorntoastbrot, 4 Eier, 4 Scheiben Frühstücksspeck, 2 Avocados, Barbecuesauce, Senf, Salz & Pfeffer, Knoblauchpulver

Zubereitung:
Zuerst die Eier in eine Pfanne schlagen und als Spiegelei braten, dabei mit Salz, Pfeffer und Knoblauch würzen. Den Bacon dazugeben und braun braten.
Den Sandwichmaker vorheizen und das Vollkorntoast toasten.

Auf einer Sandwich-Scheibe ungefähr 1/3 der Avocado mit einer Gabel verteilen. Die andere Scheibe mit der Barbecue-Sauce und dem Senf nach Belieben bestreichen.

Die beiden Spiegeleier auf die Sandwich-Scheiben mit der Avocado legen. Dann den Bacon ebenfalls darauf legen und den zweiten Toast darauf klappen.

Paprika-Sandwich

Zutaten: 6 Scheiben Toast, 20 g Margarine, 90 g Schinken Würfel, ½ Paprika, Curry, 50 g Emmentaler Käse

Zubereitung:
Zuerst die 6 ungerösteten Sandwich-Scheiben sehr dünn mit Margarine bestreichen.

Dann jeweils zwei bestrichene Seiten aufeinanderlegen, so dass drei doppelte Sandwich-Scheiben vorliegen. Anschließend die obenliegenden unbestrichenen Sandwich-Scheiben die Schinkenwürfel, die Paprikawürfel, den Curry und den Emmentaler verteilen.

Die belegte Scheibe in die Hand nehmen und die untere Sandwich-Scheibe mit der bereits bestrichenen Seite nach oben auflegen. Herdurch muss der Sandwichmaker nicht mehr extra eingefettet werden.

Wiener-Sandwich

Zutaten: 4 Scheiben Toast, 2 Wiener Würstchen, 2 Gurken, Mayonnaise, etwas Butter

Zubereitung:
Als erstes den Sandwichmaker vorheizen und die Sandwich-Scheiben auf einer Seite dünn mit Butter bestreichen. Die Würstchen in drittel schneiden und die Gurken der Länge nach in gleichmäßige Scheiben schneiden.

Dann zwei Scheiben mit der Butterseite auf den Sandwichmaker legen. Als nächsten Schritt die übrigen Scheiben mit je einem Würstchen und einer Gurke belegen. Mit der Mayonnaise bestreichen. Die zweite Sandwich-Scheibe nun als Deckel oben darauf legen und in den Sandwichtoaster legen.

Schwarzwälder-Sandwich

Zutaten: 4 Sandwich-Scheiben, 4 Scheiben Bergkäse oder Schmelzkäse, 50 g Schwarzwälder Schinken dünn geschnitten, Pfeffer, Butter, Beilagen: Salat, saure Gurken, Schnittlauch

Zubereitung:

Zuerst die Sandwich-Scheiben mit Butter bestreichen und mit dem Schwarzwälder Schinken und Käse belegen.

Dann die Sandwich-Scheiben aufeinander legen und von beiden Seiten mit etwas Butter bestreichen.

Sandwiches im Sandwichmaker goldbraun toasten.

Hawaii-Sandwichtoast

Schwierigkeitsgrad: leicht
Zeitaufwand: ca. 5 Minuten

Zutaten für 4 Portionen: 8 Scheiben Sandwichtoast, 4 Scheiben Kochschinken, 4 Scheiben Schmelzkäse, 4 Scheiben frische Ananas oder Ananas aus der Dose, etwas Remoulade, oder Sauce Hollandaise, etwas Margarine

Für die Deko: 4 Garnierkirschen

Zubereitung:

Zu Beginn der Zubereitung ist zunächst einmal der Sandwichtoaster vorzuheizen, da dieser etwas Zeit braucht, bevor er einsatzbereit ist.

Wenn man Ananas aus der Dose verwenden möchte, sollte man diese auch abtropfen lassen.

Auf die Toastscheibe ist der Kochschinken zu legen, welcher mit der Sauce Hollandaise bestrichen wird.

Die gut abgetropfte Ananasscheibe ist auf den Schinken zu drapieren.

Die vorherigen Zutaten werden durch eine Scheibe Schmelzkäse verfeinert, welche nunmehr auf die Ananas gelegt wird.

Den Abschluss bildet noch einmal eine Scheibe Sandwichtoast.

Die beiden Sandwichscheiben sind mit der Margarine leicht zu fetten, damit diese im Sandwichmaker nicht ankleben.

Das Sandwichtoast á la Hawaii dann in den Sandwichtoaster legen. Nachdem dieser geschlossen wurde, kann man es nunmehr goldbraun toasten lassen.

Am besten schmeckt es, wenn man das Sandwichtoast noch warm genießt.

Avocado-Tomaten-Sandwich mit Bacon and Chesse

Schwierigkeitsgrad: normal
Zeitaufwand: zwischen 20 und 30 Minuten

Zutaten für 2 Portionen: 1 Avocado 4 Scheiben Weizensandwichtoast 1 Tomate, 6 Scheiben Bacon, 4 Scheiben Sandwichkäse (Schmelzkäse), 4 Teelöffel Butter oder Margarine

Zubereitung:

Als Erstes sind die einzelnen Baconscheiben zu halbieren und dann in einer heißen, beschichteten Pfanne bei mittlerer Htze für ungefähr 8 Minuten knusprig zu braten. Sobald der Bacon knusprig genug ist, ist dieser auf einem Küchentuch abzutropfen.

In der Zwischenzeit sind die Avocado in dünne Scheiben sowie die Tomate in etwas breitere Scheiben zu schneiden.

Etwas Bratfett ist in der Pfanne zu lassen und die Toastscheiben sind von einer Seite bei mittlerer Htze zu braten, sodass sie eine hellbraune Färbung bekommen. Sobald dieser Färbungsgrad erreicht wurde, sind die Brotscheiben aus der Pfanne zu nehmen.

Die gebratene Seite des Brots sollte nach innen zeigen.

Nun kann das Belegen beginnen. Die getoastete Seite des Toasts ist mit einer Scheibe Schmelzkäse (Sandwichkäse) zu belegen. Damit das Sandwich ein richtiger Genuss wird, sind noch Bacon, die Tomatensowie die Avocado-Scheiben auf dem Sandwich zu drapieren. Auf die Avocado ist noch eine Scheibe Sandwichkäse und sodann die zweite Toastscheibe zu legen. Herbei ist darauf zu achten, dass die getoastete Seite auch wieder nach innen zeigt.

Der Sandwichmaker müsste in der Zwischenzeit auch gut vorgeheizt sein, sodass das Toasten des Sandwichtoasts nunmehr beginnen kann. Die

Sandwiches bleiben so lange im Sandwichmaker, bis diese goldbraun sind.

Die goldbraunen Avocado-Tomaten-Grilled-Cheese-BaconSandwiches sind dann sofort zu servieren und zu genießen.

Wiener Würstchen-Sandwich

Schwierigkeitsgrad: leicht
Zeitaufwand: etwa 15 Minuten

Zutaten für 2 Portionen: 4 Scheiben Sandwichtoast (Weizen oder Vollkorn), 2 Wiener Würstchen, 2 Essiggürkchen, 2 Scheibletten (Schmelzkäsescheiben), 2 Esslöffel Ketchup, 2 Teelöffel mittelscharfer Senf (wer es schärfer mag, kann auch scharfen Senf verwenden), 2 gehäufte Esslöffel Röstzwiebeln

Zubereitung:

Die Sandwichscheiben sind vor der Zubereitung zunächst einmal etwas vorzutoasten. Sie sind dann zum Auskühlen kurz an die Seite zu legen.

In der Zwischenzeit kann schon einmal der Sandwichmaker aufgeheizt werden.

Auf zwei Brotscheiben ist etwas Senf zu streichen. Die restlichen beiden Brotscheiben werden mit Ketchup bestrichen.

Auf die Sandwichscheiben mit Senf ist eine Scheibe Schmelzkäse zu legen.

Beide Würstchen sind in Scheiben zu schneiden und dann auf dem Käse zu verteilen.

Die Gürkchen sind in feine Stücke zu hacken und zusammen und den Röstzwiebeln auf den Würstchen zu drapieren.

Beide Brothälften sind jetzt zusammenzuklappen und leicht anzudrücken.

In der Zwischenzeit dürfte der Sandwichmaker auch heiß genug sein, sodass die belegten Brote dort reingelegt werden können, nachdem die beiden Außenseiten leicht mit Margarine bestrichen wurden.

Wenn die Brottaschen goldbraun sind, können diese aus dem Gerät genommen werden.

Am besten schmeckt das Hot-Dog-Sandwich, wenn man es noch heiß genießt.

Sandwich mit Senf, Maynonaise und Honig

Schwierigkeitsgrad: normal
Zeitaufwand: ca. 11 Minuten

Zutaten für 2 Portionen: 8 Scheiben Sandwichtoast, 4 Scheiben Schinken (entweder geräuchert oder gebacken), 4 Scheiben Gruyère (oder ein anderer intensiver Käse), 2 gehäufte Teelöffel Mayonnaise, 2 gehäufte Teelöffel Senf, 2 Eier, 2 Teelöffel flüssigen Honig (Waldhonig), Salz, Pfeffer, Butter zum bestreichen

Zubereitung:

Bevor man mit der Zubereitung startet, ist erst einmal der Sandwichmaker vorzuheizen.

Die Toastscheiben auslegen und die Hälfte der Scheiben mit Senf und die andere Hälfte mit Mayonnaise bestreichen.

Die Sandwiches nunmehr mit dem Käse sowie dem Schinken belegen.

Nunmehr alles zusammenklappen und leicht andrücken.

Eier in einer Schüssel aufschlagen und mit Pfeffer und Salz würzen. Die Sandwiches darin wenden und die überschüssige Masse abtropfen lassen.

Die fertigen Sandwiches können nunmehr für ca. 5 Minuten in den Sandwichtoaster gelegt werden. Sollten sie schon früher goldbraun sein, können sie auch schon früher herausgenommen werden.

Die noch heißen Sandwiches mit dem Honig beträufeln und dann warm genießen.

Eier-Schmelzkäse-Sandwich

Schwierigkeitsgrad: simpel
Zeitaufwand: etwa 15 Minuten

Zutaten für 2 Portionen: 4 große Eier, 4 Scheiben Sandwichbrot (Toast), 8 Scheiben Speck oder Schinken, 4 Scheiben Schmelzkäse, Salz, Pfeffer, Etwas Butter oder Öl, Nach Belieben: Tomaten, Zwiebeln und / oder Lauch

Zubereitung:

Der Speck bzw. Schinken ist zunächst einmal in Streifen zu schneiden. Als Nächstes ist das ausgewählte Gemüse (Tomate, Lauch und / oder Zwiebeln) dran. Dieses ist in kleine Würfel zu schneiden.

Die 4 Eier ist in eine kleine Schüssel oder Tasse zu schlagen, zu würzen sowie dann gründlich zu verquirlen.

Öl bzw. Butter sind in einer Pfanne zu erhitzen und sodann sind Speck / Schinken und das Gemüse darin anzubraten. Sobald alles leicht gebräunt ist, ist dieses zunächst einmal an die Seite zu stellen. Die Eiermasse ist dann in die Pfanne zu geben und so lange dort zu lassen, bis alles leicht gestockt ist.

Nun kann das Belegen des Sandwichtoasts endlich beginnen. Es sind zwei Scheiben des Specks bzw. des Schinkens auf die Toastscheibe zu legen. Darauf ist etwas der Eiermasse zu verteilen, welche dann noch durch das angebratene Gemüse verfeinert wird. Nun darf auch der Schmelzkäse auf das Sandwich gelegt werden.

Als Abschluss folgen noch zwei Scheiben des Specks und eine weitere Scheibe Weizensandwichtoast als Deckel.

Es ist ganz wichtig, dass die Sandwichscheiben noch von außen leicht angefettet werden, sodass sie im Sandwichmaker nicht ankleben. Nun ist das belegte Toastbrot bereit für den vorgeheizten Sandwichtoaster.

Das Sandwichtoast sollte so lange im Sandwichmaker bleiben, bis es goldbraun gebacken ist.

Heiß servieren.

Sandwich mit Röstzwiebeln und WasabiMayonnaise

Schwierigkeitsgrad: mittel
Zeitaufwand: ca. 40 – 45 Minuten (mit Backzeit)

Zutaten für 4 Portionen: 800 Gramm Rumpsteak, 8 Scheiben Vollkorn-Sandwichtoast, 4 Zwiebeln (wahlweise rote Zwiebeln), 4 Eigelb, 1 Teelöffel Zitronensaft, Etwas Wasabi (Menge je nach Belieben), Etwas Olivenöl, 2 Zitronen, 4 Handvoll Rucola, 1 Zweig Rosmarin, Etwas Salz, Etwas frisch gemahlener Pfeffer

Zubereitung:

Für die Mayonnaise das Wasabi mit dem Eigelb vorsichtig mischen und unter Rühren Olivenöl sowie den Zitronensaft hinzufügen. Nachdem eine cremige Masse entstanden ist, ist diese besondere Mayonnaise noch mit grobem Salz und Pfeffer abzuschmecken.

Die Zwiebeln schälen sowie in kleine Stücke schneiden. Die Zwiebeln in eine heiße Pfanne geben und anbraten lassen. Sobald sie glasig sind, diese in ein Schälchen geben und warm stellen.

Das Rumpsteak halbieren, mit Rosmarin in eine Frischhaltefolie drehen und dann mit einem Fleischklopfer leicht flach klopfen. Nachdem es etwas flacher ist, die Folie öffnen und mit Pfeffer und Salz abschmecken. Etwas Olivenöl darüber träufeln.

Das Rumpsteak von beiden Seiten in dem Öl wenden und dann in eine sehr heiße Pfanne geben. Beide Seiten für ca. 6 Minuten anbraten, sodass das Rumpsteak „medium" wird. Nachdem das Fleisch den richtigen Bräunungsgrad erreicht hat, ist es aus der Pfanne zu nehmen und für einen Moment an die Seite zu stellen.

Nach ca. 5 Minuten ist es noch mit Olivenöl sowie Zitronensaft zu beträufeln. Nunmehr kann das Rumpsteak aufgeschnitten werden. Die Scheiben sollten nicht zu dünn geschnitten werden.

Damit das Sandwich später nicht so durchweicht, ist es im Toaster leicht vorzurösten. Das vorgeröstete

Sandwichtoast aus dem Toaster nehmen und einen kurzen Moment abkühlen lassen.

Die selbstgemachte Wasabi-Mayonnaise auf 4 der Brotscheiben verteilen und den Rucola darauf verteilen. Die Fleischscheiben können jetzt darauf verteilt werden.

Etwas von dem Bratensaft auf das Fleisch träufeln. Die Röstzwiebeln darüber streuen, sodass überall ein paar Röstzwiebeln sind.

Nunmehr die weitere Scheibe Brot als Deckel benutzen und alles leicht andrücken. Die Sandwiches der Reihe nach im vorgeheizten Sandwichmaker goldbraun backen lassen.

Zum Servieren die Brottaschen halbieren und direkt warm genießen.

Hähnchen-Sandwich

Schwierigkeitsgrad: mittel
Zeitaufwand: ca. 30–40 Minuten

Zutaten für 4 Portionen: 250 g Hähnchenbrustfilet 8 Scheiben Sandwichtoast (entweder Weizen oder Vollkorn) 1 Teelöffel Pfeffer 1 Teelöffel Paprikapulver 1 Teelöffel Salz 1 Teelöffel Cayenne-Pfeffer 2 Scheiben Speck oder Schinken 1 Salat (wie beispielsweise Eisberg-, Romana-, Eichblattsalat oder Rucola) 1 Fleischtomate 1 Avocado

Zutaten für den Aufstrich: 50 g Cheddar (oder einem anderen Reibekäse) 100 g Frischkäse 1 Esslöffel Tomatenmark 1 Teelöffel Tabasco 1 Teelöffel Worcestersauce 1 Teelöffel Pfeffer 1 Teelöffel Salz

Zubereitung:

Der Salat ist in einzelne Blätter zu zerlegen, welche erst einmal zu waschen und dann abzutropfen sind. Die

Tomate auch kurz waschen und in 8 Scheiben schneiden.

Die Avocado ist zu halbieren, wobei auch der Kern zu entfernen ist. Sobald der Kern entfernt wurde, ist das weiche Fruchtfleisch mit einem Löffel aus der Schale zu lösen. Die herausgelöste Avocado in schmale Scheiben schneiden, damit sie besser auf dem Sandwichtoast liegen bleiben.

Das Hähnchenbrustfilet in vier dünne Scheiben schneiden und mit einem Nudelholz bzw. einem Fleischklopfer noch etwas flachklopfen. Sodann können diese mit Pfeffer, Cayenne-Pfeffer, Salz und Paprikapulver verfeinert werden.

Der Speck bzw. der Schinken ist in einer vorgeheizten Pfanne anzubraten. Sobald alles schön knusprig gebraten ist, ist der Speck aus der Pfanne zu nehmen und auf ein paar Lagen Zewatücher zu legen. Auf diese Weise wird das überschüssige Fett gut aufgefangen bzw. entfernt.

Das Bratfett des Specks kann jetzt noch optimal weiterverwendet werden, indem die Hähnchenbrustfilets darin gebraten werden. Die Filets sind von jeder Seite ca. 2–3 Minuten zu braten.

Nun kommen wir zum Aufstrich. Herfür wird der Frischkäse mit dem Tomatenmark verrührt. Sodann erfolgt noch eine Verfeinerung durch Tabasco, Worcestersauce, Pfeffer und Salz. Je nachdem, wie scharf man die Masse haben möchte, sollte man auch etwas mehr oder weniger Tabasco verwenden.

Die fertige Frischkäsemasse ist auf den Toastscheiben zu verteilen. Wer keine Angst vor Kalorien hat, kann auf dem Frischkäse auch noch Mayonnaise streichen.

Das Sandwich ist dann nach und nach mit den Salatblättern, zwei Tomatenscheiben, einem Viertel der Avocado streifen zu verteilen. Die Avocado streifen sollten etwas glattgestrichen werden. Jetzt erfolgt die Veredelung, indem der Speck sowie das Hähnchenbrustfilet auf die Avocado gelegt werden. Als Abschluss ist noch der Reibekäse zu streuen, bevor als

Deckel auch noch die zweite Scheibe Sandwichtoast auf das fertig belegte Sandwich kommt.

Die beiden Außenseiten des Sandwiches sind noch leicht mit Margarine oder Butter einzustreichen, so dass sie im Sandwichtoaster nicht anhaften. Nunmehr sind die Sandwiches fertig für die Fertigstellung. Und können in den Sandwichmaker gelegt werden.

Am besten werden die Hähnchenbrustfilet-Sandwiches noch heiß serviert. Der Besuch wird bei diesen Sandwiches sicherlich Augen machen.

Schinken-Erdbeer-Sandwich mit Ziegenfrischkäse

Schwierigkeitsgrad: simpel
Zeitaufwand: 20 Minuten

Zutaten für 3 Portionen: 12 Scheiben Sandwichtoast (Weizen oder wahlweise Vollkorn) 300 Gramm Kochschinken 300 Gramm Ziegenfrischkäse 300 Gramm Erdbeeren 1 Kopfsalat 2 gelbe Paprika Etwas Pfeffer Etwas Salz 2 Esslöffel Olivenöl 4 Esslöffel Balsamico-Essig 2 Teelöffel Honig Ein paar Minzblätter 12 Sandwich-Piekser

Zubereitung:

Die Scheiben Sandwichtoast sind erst einmal im Toaster vorzurösten. Danach die Brotscheiben etwas auskühlen lassen.

In der Zwischenzeit sind die Erdbeeren zu waschen, der Strunk zu entfernen und in feine Scheiben zu schneiden. Der Salatkopf ist ebenfalls zu waschen und die einzelnen Blätter sind dann in handflächengroße Stücke zu zerteilen.

Nunmehr sind sechs Scheiben mit Ziegenfrischkäse zu bestreichen und die Erdbeerscheiben darauf zu drapieren.

Balsamico-Essig, Honig, Olivenöl, Salz und Pfeffer nunmehr miteinander verrühren und als Dressing auf die Erdbeeren verteilen. Das Sandwich sollte etwas ruhen, damit das Dressing etwas in die Erdbeeren einzieht.

Währenddessen kann die Paprika in sehr schmale Streifen geschnitten werden und ist zusammen mit dem Salat auf dem Toast zu legen. Je nach Belieben sind ein paar fein gehackte Minzblätter auf den Brotscheiben zu streuen.

Nunmehr kann auch die zweite Toastscheibe auf das fertig belegte Sandwich gelegt werden. Zuvor ist diese zweite Scheibe auch noch mit Ziegenfrischkäse zu bestreichen.

Jetzt müsste der Sandwichmaker auch vorgeheizt sein. Das fertige Sandwich ist nunmehr in den Sandwichtoaster zu legen und goldbraun zu backen.

Sobald der richtige Bräunungsgrad erreicht wurde, sind die Sandwiches herauszunehmen, diagonal zu halbieren sowie mit den Holzpieksern zu dekorieren. Sie sind ein richtiges Highlight für die Augen sowie den Gaumen.

Der Stramme Max

Zubereitungszeit: 15 Minuten

Zutaten: 2 Scheiben Brot, 4 Scheiben Kochschinken, 2 Eier, 2 Scheiben Gouda, etwas Butter zum Braten

Zubereitung:

Zunächst den gekochten Schinken in der Butter von beiden Seiten schön kross anbraten. Danach aus der Pfanne nehmen und beiseite stellen.

Dann die Brotscheiben von einer Seite in der Pfanne ebenfalls anrösten und nebenbei ein einer zweiten Pfanne zwei Spiegeleier zubereiten. Die Brote in der Pfanne auf die nicht geröstete Seite drehen, mit Schinken und Ei belegen und abschließend die Goudascheiben darauf legen und kurz bei geschlossenem Deckel den Käse schmelzen lassen.

Club-Sandwich

Zubereitungszeit: 10 Minuten

Zutaten: 8 Scheiben Putenbrustfilet, 6 Scheiben Frühstücksspeck, 2 Kirschtomaten, 2 Blatt Eisbergsalat, 4 Scheiben Toastbrot, 2 Spritzer Mayonnaise, 2 Spritzer Ketchup, Salz, Pfeffer, Öl

Zubereitung:

Der Toast wird goldgelb und knusprig getoastet. Währenddessen den Speck in der Pfanne bei mittlerer bis hoher Temperatur braten. Je nachdem wie viel Fett der Speck hat, verwendet man dazu wenig bis kein Sonnenblumenöl. Dabei mehrmals wenden und danach auf Haushaltspapier auslegen, um überschüssiges Fett aufzusaugen. Kühlt und trocknet der Speck ab, sollte er gelbbraun, knusprig und fest werden. Danach braten wir das Putenbrustfilet im Fett, welches der Speck ausgeschwitzt hat, leicht an.

Den Salat und die Tomaten kurz abwaschen. Die Kirschtomaten in dünne Scheiben schneiden und die Kerne aus den Scheiben herausschneiden. Die Salatblätter nun in Streifen schneiden.

Zwei Toast nun mit Mayonnaise bestrichen und mit Salat und Tomate belegen. Die anderen Scheiben werden mit Ketchup bestrichen und mit dem möglichst noch warmen Putenbrustfilet und Speck belegt. Dann noch mit Salz und etwas mehr Pfeffer würzen und zusammenklappen. Die herzhaften Toasts einfach so genießen oder zuvor noch klassisch in Dreiecke schneiden.

Turkey-Ham Sandwich

Zubereitungszeit: 30 Minuten

Zutaten: Eisbergsalat, Salatgurke, Tomate, Zwiebel, Gewürzgurke, 1 Scheibe Truthahnaufschnitt, 1 Scheibe Kochschinken, 1 Scheibe Käse, 1 Baguette, Paprikaschote, Mayonnaise, mittelscharfer Senf, süßer Senf, Öl, Honig, Rotweinessig, Salz und Pfeffer

Zubereitung:

Zunächst die Zwiebel, Gewürzgurke, Tomate und Salatgurke in Scheiben schneiden. Dann die Paprika und den Eisbergsalat in Streifen schneiden.

Nun den Aufschnitt und den Käse einmal in der Mitte teilen. Anschließend das Baguette in drei gleich große Stücke schneiden und durch einen seitlichen Schnitt zu einer Tasche aufschneiden.

Jetzt die verbliebenen Zutaten für die Soße in eine Schlüssel geben und zu einer cremigen, aber nicht zu flüssigen Konsistenz verarbeiten. Herbei lassen Sie Ihr Gefühl und den ganz eigenen Geschmack walten.

Nun erfolgt das Belegen des Baguettes. Am einfachsten ist es, die untere Hälfte mit Eisbergsalat, Tomate, Salatgurke, Zwiebel, Paprika und Gewürzgurke belegen. Darüber wird dann die Soße verteilt. Die obere Hälfte wird mit Truthahnaufschnitt, Kochschinken und Käse belegt. Zusammenklappen. Fertig.

Fisch Varianten

Thunfisch-Sandwich

Zutaten: ½ Dose Thunfisch in Olivenöl. 2 EL Frischkäse, 1 EL Mayonnaise, ½ rote Zwiebel, ½ Stange Sellerie, 1 TL Kapern, 1 TL Zitronensaft, 1 Stängel Petersilie, Salz & Pfeffer

Zubereitung:
Die rote Zwiebel schälen und in kleine Würfel schneiden. Den Sellerie waschen und ebenso würfeln. Die Petersilienblätter vom Stängel abzupfen und fein hacken. Die Thunfischdose öffnen und abtropfen lassen.

Alle Zutaten in einer Schüssel miteinander zu einem Thunfischsalat vermengen. Mit Salz und Pfeffer abschmecken.

Zwei Toastscheiben mit dem fertigen Thunfischsalat belegen und zuletzt mit den übrigen Toastscheiben verschließen. Anschließend im Sandwichmaker goldbraun toasten.

Räucherlachs Sandwich

Zubereitungszeit: 10 Minuten

Zutaten: 4 Scheiben Brot 200 g Räucherlachs 50 g Walnüsse 100 g Rucola 1 Orange 50 g Parmesan

Zubereitung:

Dieses Sandwich ist lecker, leicht und völlig unkompliziert in der Zubereitung.

Im ersten Schritt wird die Orange geschält und dann in ca. 5 mm dünne Scheiben schneiden. Das erfordert womöglich etwas Übung, in jedem Falle aber ein scharfes Messer.

Schritt zwei: Die Walnüsse in kleine Stücke zerbröseln.

Nun Teil drei der Arbeitsanweisung: Ein Viertel des Rucola auf zwei der Scheiben (Roggen-)brot verteilen. Darauf je drei Orangenscheiben legen und dieses mit Walnüssen bestreuen.

Nun den Lachs auf die zwei Brotscheiben verteilen, den Parmesan darüber hobeln (oder streuen), mit den beiden anderen Brotscheiben abdecken und in zwei Hälften schneiden.

Shrimps-Thunfisch Sandwich

Zubereitungszeit: 30 Minuten

Zutaten: 2 Scheiben Weißbrot, Butter, 1 Stange Sellerie, Salz, 1/2 Dose Thunfisch in Öl, Mayonnaise, Zwiebel, Zitronensaft, Pfeffer, 125 g Shrimps, 2 Eier

Zubereitung:

Die Weißbrotscheiben mit Butter bestreichen. Den Sellerie putzen, waschen und in kleine Stücke schneiden, dann in kochendem Salzwasser fünf Minuten blanchieren und abkühlen.

Thunfisch, Sellerie, 2 EL Mayonnaise, Zwiebel und Zitronensaft vermischen. Mit Salz und Pfeffer abschmecken. Die Mischung auf das Brot geben und die Shrimps darüber verteilen.

Nun die Eier trennen. Das Eiweiß sehr steif schlagen und 2–3 EL Mayonnaise unterheben. Den entstandenen Schaum auf die Brote verteilen. In die Mitte eine kleine

Vertiefung drücken und die Eigelbe hineingeben. Am Ende vorgeheizten im Backofen bei 225°C ca. 10 Minuten ordentlich brutzeln lassen. Fertig.

Räucherlachs-Mozzarella-Sandwich

Zutaten: 2 Scheiben Toast, 50 g Räucherlachs, 30 g Mozzarella, 1 Bund Rucola, 4 Cocktailtomaten, 1 TL Weißweinessig, 3 TL Olivenöl, 1 Spritzer Balsamico, 1 Prise Meersalz, 1 Spritzer Limettensaft, 1 Prise Pfeffer

Zubereitung:
Den Sandwichmaker vorheizen und eine Seite des Sandwiches mit dem Räucherlachs belegen, den Mozzarella auf den Räucherlachs geben und mit Pfeffer und Salz würzen. Dann die zweite Scheibe Räucherlachs auf den Mozzarella legen und mit dem übrigen Toastbrot bedecken. Das nun fertig gefüllte Sandwich im Sandwichtoaster goldbraun toasten.

In der Zwischenzeit den Rucola mit den vorher geviertelten Tomaten auf einem Teller anrichten. Etwas Balsamico und Limettensaft darüber träufeln und würzen. Das fertige Sandwich diagonal halbieren und anrichten.

Krabben-Sandwich

Zutaten: 1 Dose Krabben ca. 120 g, ½ Bund Dill, 2 Eier, 1 EL Creme Fraiche, Salz & Pfeffer, 2 EL Curry, 4 Scheiben Toast, 2 EL Tomatenmark, etwas Butter

Zubereitung:

Krabben abgießen, waschen und abtropfen lassen. Den Dill waschen, fein hacken und mit den Krabben vermischen.

Die Eier mit der Creme Fraiche verquirlen und mit Curry, Salz und Pfeffer würzen. Etwas Butter in einer Pfanne erhitzen, die Eier hineingeben, die Krabben unterheben und langsam unter Rühren zum Stocken bringen.

Die Sandwich-Scheiben mit Tomatenmark bestreichen. Dann die Eier-Mischung auf die 2 Scheiben verteilen und mit den restlichen Toast-Scheiben verschließen. Anschließend im Sandwichmaker goldbraun toasten.

Thunfisch-Peperoni-Sandwich

Zutaten: 8 Scheiben Toast, 100 g Frischkäse, 1 EL Currypulver, Salz, 1 rote Zwiebel, 1 Dose Thunfisch im eigenen Saft, 4 eingelegte Peperoni, 4 Scheiben Gouda, Salz & Pfeffer

Zubereitung:
Als erstes den Frischkäse mit dem Currypulver und einer Prise Salz zu einer glatten Creme verrühren.

Dann die Zwiebel schälen und in dünne Ringe schneiden. Den Thunfisch gut abtropfen lassen. Dann die Peperoni in Ringe schneiden.

Je eine Sandwich-Scheibe mit der Curry-Frischkäse-Creme bestreichen, den Thunfisch, die Zwiebelringe und die Peperoni darauf geben. Anschließend mit dem Gouda belegen und mit einer weiteren Sandwich-Scheibe verschließen. Zuletzt toasten.

Lachs-Sandwich

Zutaten: 2 Scheiben Sandwichtoast, 3 Scheiben Räucherlachs, ein paar Champignons, 1 TL Butter, Sahnemeerrettich, 1 TL Schnittlauch

Zubereitung:
Die Champignons in dünne Scheiben schneiden. Dann die Sandwich-Scheiben mit dem Sahnemeerrettich bestreichen und die Pilze darüber verteilen.

Darauf kommt dann der Räucherlachs. Zum Schluss mit etwas Schnittlauch bestreuen. Die andere Sandwich-Scheibe als Deckel darüber legen.

Anschließend eine Sandwich-Scheibe mit Butter bestreichen und im Sandwichmaker goldbraun toasten.

Forellen-Sandwich

Zutaten: ½ gelbe Paprikaschote, 125 g geräuchertes Forellenfilet, ½ Bund Dill, 200 ml Creme Fraiche, 4 Scheiben Toast

Zubereitung:

Zuerst die Paprika waschen und in feine Stücke hacken. Die Dillspitzen ebenso zerkleinern. Danach alles mit dem zerkleinerten Forellenfilet vermischen und die Creme Fraiche dazugeben.

Anschließend die entstandene Creme auf 2 Sandwichscheiben auftragen. Die restlichen Scheiben als Decken auflegen.

Im Sandwichmaker goldbraun toasten.

Lachs-Sandwich mit Büffelmozzarella

Schwierigkeitsgrad: normal
Zeitaufwand: etwa 10 Minuten

Zutaten für 4 Personen: 8 Scheiben Sandwichtoast (entweder Vollkorn oder Weizen) 4 Bund Rucola 200 Gramm Räucherlachs 120 Gramm Büffelmozzarella 16 Cocktailtomaten 12 Teelöffel Olivenöl 4 Teelöffel Weißweinessig 4 Spritzer Balsamico 4 Prisen Meersalz etwas Limettensaft 4 Prisen Pfeffer

Zubereitung:
Damit man nach der Vorbereitung das Sandwich schnell backen kann, ist zunächst einmal der Sandwichmaker vorzuheizen.

Eine der Sandwichscheiben ist mit einer Scheibe Räucherlachs zu belegen. Der Büffelmozzarella ist in Scheiben zu schneiden, welche dem Lachs dann noch einen ganz besonderen Geschmack geben.

Damit alles noch etwas feiner schmeckt, ist alles noch mit Meersalz sowie schwarzen Pfeffer, welcher frisch zerstoßen wurde, zu würzen.

Nunmehr ist noch eine weitere Scheibe Räucherlachs auf den Büffelmozzarella zu legen. Als „Deckel" ist jetzt noch einmal eine Toastscheibe auf den Lachs zu legen.

Die fertigen Sandwiches sind dann von beiden Seiten noch einmal dünn mit Margarine zu bestreichen, sodass sie beim Toasten nicht haften bleiben.

Die gefüllten Sandwiches können nunmehr in den vorgeheizten Sandwichmaker gelegt und dort goldbraun gebacken werden.

Während dieser Wartezeit kann schon einmal der Rucola mit den geschnittenen Tomaten auf einer Platte angerichtet werden. Für das Dressing ist der Limettensaft mit dem Balsamico zu mischen und darüber zu geben. Wahlweise kann beispielsweise auch Himbeeressig den Balsamico ersetzen, sodass man eine noch etwas fruchtigere Note erhält.

Sobald die Sandwiches fertig sind, sind diese in Dreiecke zu schneiden und heiß zu servieren.

Thunfisch-Sandwich

Schwierigkeitsgrad: einfach
Zeitaufwand: 30 Minuten

Zutaten für 4 Portionen: 8 Scheiben Weizensandwichtoast 2 Stangen Staudensellerie 400 Gramm Fischfilet (z. B. Thunfischfilet oder Pangasius) 200 Gramm Parmaschinken in Scheiben 100 Gramm Radieschen oder Sojasprossen 5 Esslöffel Mayonnaise 1 Teelöffel süßer Senf 1 Bund Basilikum 1 Teelöffel Zitronensaft 1 Prise Salz 1 Prise Pfeffer Etwas Kurkuma 1 Esslöffel Öl etwas Butter

Zubereitung:
Die Selleriestangen sind zu putzen, zu waschen sowie in kleine Würfel zu schneiden. Die kleinen Würfel sind 5 Minuten lang im kochenden Salzwasser zu blanchieren. Es ist darauf zu achten, dass die blanchierten Selleriestangen danach gut abkühlen.

Die abgekühlten Selleriewürfel, der süße Senf, Zitronensaft sowie Mayonnaise sind miteinander zu vermengen. Die Masse ist mit Kurkuma, Pfeffer, Salz sowie den Basilikumblättern abzuschmecken.

Für den besseren Geschmack sind die Fischfilets mit dem Parmaschinken zu umwickeln. Bei kleiner Stufe ist der Fisch in Öl für ca. 3 Minuten pro Seite kurz anzubraten.

Die Mayonnaise ist auf das Toastbrot zu streichen. Darauf sind die gewürzten Selleriewürfel zu verteilen.

Die angebratenen Fischfilets sind auf die Toastscheiben zu setzen und mit den Sojasprossen zu dekorieren. Als Abschluss ist dann die zweite Sandwichscheibe auf das Sandwich zu setzen.

Die Außenseiten der Toastscheiben sind noch mit etwas Butter oder Margarine zu bestreichen und dann in den Sandwichmaker zu legen.

Sobald die Sandwiches goldbraun gebacken sind, können sie aus dem Sandwichtoaster genommen werden. Am besten schmecken die FischClub-Sandwiches, wenn diese heiß serviert werden. Diese besonderen Club-Sandwiches sind ein richtiges Highlight.

Krebssandwiches mit Ei und Speck

Schwierigkeitsgrad: einfach
Zeitaufwand: 20–30 Minuten

Zutaten für 8 Portionen: 8 Scheiben Sandwichtoast 1 Dose Krebsfleisch 8 Scheiben Speck / Schinken ½ Salatgurke 2 Tomaten 2 Eier Crème fraîche Butter Saft einer halben Zitrone Etwas Pfeffer aus der Mühle

Zubereitung:
Bevor das Belegen des Sandwiches beginnen kann, sind zunächst einmal die Eier zu kochen. Sobald diese hart gekocht sind, können sie im kalten Wasser abgeschreckt werden.

Während der Kochzeit der Eier kann schon einmal das Sandwichbrot vorgetoastet werden. Das Krebsfleisch sollte man gut abtropfen lassen, da es ansonsten sein kann, dass das Sandwich schnell durchweicht.

Das abgetropfte Krebsfleisch ist mit dem Zitronensaft zu beträufeln.

Salatgurke und Tomaten sind zu waschen sowie in dünne Scheiben zu schneiden.

Sobald die Eier gut abgekühlt sind, sind die zu schälen sowie in Scheiben zu schneiden.

Der Speck / Schinken ist in einer heißen Pfanne ohne Beigabe von Fett knusprig zu braten.

Auf der ersten Scheibe Sandwichtoast sind zunächst einmal die Eierscheiben sowie das Krebsfleisch zu legen. Der Belag ist noch durch die Gurken- und Tomatenscheiben sowie den Speck zu ergänzen. Damit alles etwas geschmeidiger wird, ist 1 Esslöffel Créme fraîche darauf zu verteilen. Die Crème ist noch mit etwas Pfeffer zu verfeinern, bevor nunmehr eine zweite Brotscheibe als Deckel darauf gelegt wird.

Die beiden Außenseiten der Brote sind mit Margarine leicht zu bestreichen. Sodann sind die fertigen Sandwiches im Sandwichmaker goldbraun zu backen und noch heiß zu servieren.

Hummer-Sandwiches

Schwierigkeitsgrad: simpel
Zeitaufwand: 20 bis 21 Minuten

Zutaten für 2 Portionen: 8 Scheiben Vollkorn-Sandwichtoast (wahlweise Weizen) 700 Gramm Hummerfleisch (küchenfertig gegart sowie ausgelöst) 2 Handvoll Sprossenmix 360 Gramm Mayonnaise 120 Gramm Naturjoghurt 2 Teelöffel Currypulver Etwas Salz Zitronensaft Etwas Pfeffer 2 Fleischtomaten Etwas Reibekäse

Zubereitung: Damit das Sandwich mit den weiteren Zutaten nachher nicht so durchweicht, ist es zunächst einmal im Toaster etwas anzurösten.

Der Sprossenmix ist zu waschen und zum Trocknen auf Küchentüchern auszulegen.

Für die Créme ist der Joghurt mit der Mayonnaise zu verrühren und dann mit dem Curry sowie der Hälfte der Sprossen glattzurühren. Es muss nur noch mit Salz,

Pfeffer sowie Zitronensaft abgeschmeckt werden und schon ist die Créme fertig.

Die Tomaten sind zu waschen und sodann ist der Stielansatz zu entfernen. Es ist darauf zu achten, dass die Tomaten in sehr dünne Scheiben geschnitten werden.

Vier Scheiben Sandwichbrot sind mit der soeben gefertigten Créme zu bestreichen und dann mit Hummerfleisch, Tomaten sowie den übrigen Sprossen zu belegen. Zum Schluss kommt jeweils noch etwas Reibekäse sowie noch eine Scheibe Sandwichtoast.

Die fertigen Sandwiches sind so lange in den heißen Sandwichmaker zu legen, bis sie goldbraun sind. Am besten die Hummer-Sandwiches, wenn sie noch heiß verspeist werden.

Garnelen-Sandwiches

Schwierigkeitsgrad: leicht
Zeitaufwand: ca. 30 Minuten

Zutaten für 2 Portionen: 4 Scheiben Weizen-Sandwichtoast 4 aufgetaute TK-Riesengarnelen (ca. 80 Gramm) 1 Teelöffel neutrales Öl 1 Salatgurke 1 Esslöffel Mangochutney Cayenne-Pfeffer Salz.

Zubereitung:
Die aufgetauten Riesengarnelen von der Schale befreien und der Länge nach halbieren. Herbei ist auch darauf zu achten, dass der Darmfaden entfernt wird. Die Garnele nun waschen sowie mit Küchentüchern trocken tupfen.

Das Öl in einer Pfanne heiß werden lassen und die einzelnen Garnelenstücke darin für ca. 2–3 Minuten anbraten. Alles mit CayennePfeffer und Salz abschmecken.

Salatgurke schälen sowie in Scheiben schneiden.

Die Sandwichscheiben vortoasten und dann auf einem Teller abkühlen lassen.

Die abgekühlten Toastscheiben mit dem Mangochutney bestreichen. Wer möchte, kann hierfür auch ein Ananaschutney verwenden.

Die Hälfte der Brotscheiben mit den Gurkenscheiben sowie den Garnelen belegen. Die mit dem Chutney bestrichene Scheibe so auf die Garnelen legen, dass das Chutney innen ist. Alles etwas andrücken.

Die Sandwiches der Reihe nach im heißen Sandwichmaker legen und goldbraun backen lassen.

Die Brottaschen schmecken am besten, wenn man sie noch heiß serviert.

Variation: Anstatt der Salatgurke kann man auch Champignons sowie Mais aus der Dose verwenden.

Thunfisch-Käse-Sandwich

Schwierigkeitsgrad: leicht
Zeitaufwand: 15–20 Minuten

Zutaten für 2 Portionen: 4 Scheiben Vollkorn-Sandwichtoast 1 Dose Thunfisch (am besten im eigenen Saft) 1 kleine Dose Mais 1 rote Paprika 2 Frühlingszwiebeln 1 Spritzer Zitronensaft 2 Scheiben Käse (z. B. Emmentaler, Gouda) 2 Esslöffel Mayonnaise

Zubereitung:

Thunfisch sowie Mais gut abtropfen lassen. Währenddessen den Sandwichmaker schon einmal vorheizen.

Die Sandwichscheiben im Toaster etwas vorrösten lassen.

Nachdem der Thunfisch gut abgetropft ist, diesen mit einer Gabel leicht zerpflücken.

Die Paprika sowie die Frühlingszwiebeln waschen und in feine Würfel hacken. Die Hälfte der Paprikawürfel sowie der Frühlingszwiebelringe in die Seite legen.

Thunfisch, die Hälfte vom Mais, die Zwiebelringe, Paprikawürfel sowie Mayonnaise miteinander vermengen. Mit etwas Zitronensaft abschmecken.

Die Thunfischmasse auf zwei der Toastscheiben verteilen und jeweils eine Scheibe Käse sowie die weitere Scheibe Toast drauf legen. Alles leicht andrücken.

Der Sandwichtoaster müsste jetzt auch startklar sein, sodass die Sandwiches dort platziert werden können. Alles schön goldbraun backen lassen.

Diagonal halbieren und noch heiß servieren.

Die zur Seite gestellten Zutaten (Mais, Paprika, Frühlingszwiebeln) können nunmehr als kleiner Salat dazu gereicht werden.

Vegetarische Varianten

Vegetarischer Max

Zubereitungszeit: 10 Minuten

Zutaten: 2 Scheiben Toastbrot, 2 TL Frischkäse, 2 Eier, 2 TL Olivenöl, Salz und Pfeffer, Schnittlauch

Zubereitung:

Das Toastbrot toasten. Anschließend auskühlen lassen und dann mit Frischkäse bestreichen. Den Schnittlauch waschen, gut abtropfen lassen und dann klein hacken.

Nun die Eier aufschlagen, verquirlen und unter ständigem Rühren im heißen Olivenöl stocken lassen. Dann salzen und pfeffern. Das Rührei aufs Toastbrot geben und mit den Kräutern garnieren.

Ananas-Käse Sandwich

Zubereitungszeit: 5 Minuten

Zubereitung: 4 Scheiben Toastbrot, 150 g geriebener Käse, 2 Eigelb, 1/2 TL scharfer Senf, 1 TL Paprikapulver (edelsüß), Pfeffer, Ananas

Zubereitung:

Den Backofen auf 200 Grad vorheizen. Käse, Eigelb, Senf und Paprikapulver verrühren und mit Pfeffer würzen. Die Toastbrote mit der entstandenen Creme bestreichen und nebeneinander auf einen Rost legen. Nun für gut sechs Minuten goldbraun backen. Dann die Toastbrote in Dreiecke schneiden und nach eigenem Geschmack mit kleinen Ananasstückchen garnieren.

Rucola-Frischkäse-Sandwich

Zutaten: 30 g Rucola, 1 Tomate, 15 g Pinienkerne, ¾ EL Balsamico, 1 ¼ EL Olivenöl, ¼ EL Honig, evtl. Salz und Pfeffer, 50 g Frischkäse, 25 g Parmesan, frisch gehobelt Basilikum (frisch), ¼ – ½ großes Baguette

Zubereitung:

Den Rucola-Salat ordentlich waschen und trockenschütteln. Dabei dicke Blattstiele großzügig entfernen. Das Dressing für den Rucola aus Essig, Öl, Honig, Salz und Pfeffer anrühren. Die Tomaten ebenfalls waschen und in dünne Scheiben schneiden.

Nun die Pinienkerne in einer Pfanne ohne Fett knusprig anrösten. Das Baguette aufschneiden und oben und unten mit dem Frischkäse bestreichen. Den Rucola mit dem Dressing mischen und auf der unteren Brotseite verteilen. Die Tomatenscheiben darüber geben und mit Pinienkernen, Parmesanspänen und etwas zerhacktem Basilikum bestreuen.

Nach Belieben in handliche oder mundgerechte Stücke zerteilen und servieren. Das Baguette kann auch am Stück, ganz rustikal mit einem scharfen Messer auf einem dekorativen Brett serviert werden.

Ei-Majo-Zwiebe Sandwich

Zubereitungszeit: 15 Minuten

Zutaten: 5 Eier ½ Zwiebel 100 ml Majonaise Salz und Pfeffer ½ EL Kräuter (nach eigenem Geschmack) 4 Scheiben Weißbrot

Zubereitung:

Zunächst die Eier hart kochen und dann ausgiebig kalt abschrecken. Anschließend noch mindestens zehn Minuten abkühlen lassen. Dann die Eier pellen und in kleine Würfel schneiden. Nun auch die Zwiebel schön klein schneiden und die Kräuter hacken.

Die Mayonnaise mit den zerkleinerten Eiern verrühren und die Kräuter hinzu geben. Alles gut mit Salz und Pfeffer abschmecken.

Wenn möglich, eine Stunde im Kühlschrank ziehen lassen, dann zwischen zwei Weißbrotscheiben streichen, klassisch diagonal teilen und servieren.

Ciabatta-Tomatten-Mozarella Sandwich

Zubereitungszeit: 30 Minuten

Zutaten: 1 Ciabatta, 2 Tomaten, 2 Pck. Mozzarella, Pesto (Basilikum), Salz und Pfeffer, Olivenöl

Zubereitung:

Den Ofen auf 250 Grad vorheizen, die Tomaten halbieren, von Kerngehäuse und Stielansatz befreien und in grobe Würfel schneiden. Das Ciabatta aufschneiden, auf der einen Seite großzügig mit Pesto bestreichen und auf der anderen mit etwas Olivenöl beträufeln. Den Mozzarella in Scheiben schneiden.

Die Pesto-Seite des Brotes mit reichlich Mozzarella belegen. Den Mozzarella mit Pfeffer und ein wenig Salz würzen. Anschließend die Ciabatta-Hälfte mit dem Mozzarella im Ofen goldgelb gratinieren. Wenn der Käse die erste leichte Farbe hat, die andere Brothälfte ebenfalls in den Ofen legen, damit sie noch etwas angeröstet wird.

Beide Brothälften herausnehmen, die Tomatenstücke auf den Käse geben, zusammenklappen und in zwei Stücke schneiden. Wer mag, träufelt noch etwas Olivenöl darüber und rundet mit gepresstem Knoblauch ab.

Rucola-Tomate-Sandwich

Zubereitungszeit: 15 Minuten

Zutaten: 250 g Mehl, Milch, Wasser, 500 g Rucola, 2 Tomaten, 4 Scheiben Käse, Parmesan, 2 Knoblauchzehen, Salz und Pfeffer

Zubereitung:

Zuerst einmal das Mehl mit etwas Milch und Wasser zu einem sämigen Teig anrühren und zu zwei großen Tortillas ausbacken. Dann aus dem Käse, Knoblauch, Salz, Pfeffer und etwas Milch eine nicht zu flüssige Soße herstellen.

Die Hälfte des Rucola in der Mitte der Tortilla platzieren und etwas nach rechts und links verteilen. Anschließend die Soße und die Tomatenstücke darauf geben. Nun die Seiten der Tortilla einschlagen und dann von unten nach oben hin aufrollen. Fertig.

Gurke-Kresse-Sandwich

Zubereitungszeit: 10 Minuten

Zutaten: 6 Scheiben Toastbrot, Gesalzene Butter, ½ Salatgurke, Kresse, Pfeffer

Zubereitung:

Die Salatgurke waschen und schälen. Zeitgleich den Toast leicht toasten bzw. anbräunen. Anschließend buttern. Die Gurke nun längs in sehr schmale Streifen schneiden.

Nun die Gurkenscheiben auf den Toast legen, mit etwas Kresse bestreuen und mit Pfeffer würzen. Dann eine zweite Scheibe Toast auflegen, die Scheibe wiederum mit Gurken belegen und mit Kresse und Pfeffer würzen. Die dritte gebutterte Toastscheibe auflegen.

Nun mit einem sehr scharfen Messer die Ränder wegschneiden und das Brot durch einen Diagonalschnitt in Dreiecke teilen. Fertig ist ein absolut klassisches, britisches Sandwich, welches man am stilvollsten zum Nachmittagstee genießt.

Schwedisches Sandwich

Zubereitungszeit: 15 Minuten

Zutaten: 25 ml Gemüsebrühe, 7 1/2 ml Apfelessig, 10 g Senf (mittelscharf), 5 g Meerrettich, 5 g Honig, Salz, Pfeffer, Öl, 30 g Buttermilch, 40 g Karotte, 40 g Apfel, 40 g Lauchzwiebel, 7 1/2 g Sprossen, 5 g Kräuter gemischt, frisch 50 g Frischkäse, 40 g Knäckebrot

Zubereitung:

Im ersten Arbeitsschritt werden die Gemüsebrühe, der Essig, Senf, Meerrettich, Honig, Salz und Pfeffer verrührt und dann das Öl und die Buttermilch langsam einrühren. Das Dressing sollte eine angenehm cremige Konsistenz aufweisen.

Nun die Karotte raspeln und die Lauchzwiebel in feine Ringe schneiden. Beides in das Dressing geben und gleichmäßig unterrühren. Abschließend noch die gewaschenen Sprossen, die geschnittenen Kräuter, den Frischkäse zugeben- Alles gut durchziehen lassen.

Am Ende mit dem Knäckebrot anrichten.

Tomaten-Mozzarella-Sandwich

Zutaten: 4 Scheiben Toast (Vollkorn- oder Weizentoast), 1 Tomate, 1 Packung Mozzarella, 2 Stängel Basilikum, 1 EL Basilikum-Pesto, Salz & Pfeffer

Zubereitung:
Tomate waschen und in Scheiben schneiden. Mozzarella ebenso in Scheiben schneiden. Die Basilikumblätter von den Stängeln zupfen.

Zwei der Toastscheiben mit Pesto bestreichen. Dass mit den Tomatenscheiben, dem Mozzarella und dem Basilikum belegen. Nach Belieben salzen und pfeffern. Zum Schluss mit den übrigen Toastscheiben verschließen.

Sandwiches in den Sandwichmaker legen und toasten.

Champignon-Sandwich

Zutaten: 1 Zwiebel, 250 g Champignons, 1 EL Pflanzenöl, Salz, Pfeffer, 8 Scheiben Sandwichtoast, 150 g Käse, z.B. Emmentaler

Zubereitung:

Zuerst die Zwiebel schälen und fein würfeln. Die Champignons putzen und würfeln. Dann die Zwiebelwürfel in einer heißen Pfanne mit Öl glasig anschwitzen.

Die Champignons dazugeben und unter Rühren ca. 5 Minuten garen, bis die möglicherweise entstandene Flüssigkeit wieder verdampft ist.

Mit Pfeffer und Salz würzen und auf 4 Toastscheiben verteilen. Den Käse reiben und darüber verteilen.

Dann je eine zweite Toastscheibe darauf legen und im Sandwichmaker rösten bis sie goldbraun sind.

Eiersalat-Sandwich

Zutaten: 6 hart gekochte Eier, 4 Blätter Einsbergsalat, 3 EL Mayonnaise, 1 EL saure Sahne, 1 TL Senf, 1 Prise Currypulver, Salz & Pfeffer, 8 Scheiben Sandwichtoast

Zubereitung:
Die Eier schälen und schön fein hacken. Den Eisbergsalat waschen und trocknen. Die Mayonnaise mit der sauren Sahne und einem Teelöffel Senf verrühren. Mit Salz, Pfeffer und etwas Curry abschmecken und gründlich mit den Eiern vermischen.

Die Sandwich-Scheiben toasten. Vier von den Scheiben mit dem Eisbergsalat belegen und mit dem fertigen Eiersalat bestreichen. Darauf kommen dann die vier restlichen Scheiben. Längs halbieren und servieren.

Birnen-Gorgonzola-Sandwich

Zutaten: 100 g Gorgonzola, 3 EL Frischkäse, Salz, Cayennepfeffer, 2 EL Orangensaft, 40 g Brunnenkresse, 2 kleine Birnen, 8 Scheiben Sandwichtoast

Zubereitung:
Den Gorgonzola entrinden und mit dem Frischkäse, Cayennepfeffer, Salz und dem Orangensaft am besten mit einer Gabel zu einer glatten Masse verkneten. Die Brunnenkresse waschen und trocknen. Die Birnen waschen, längs achteln und das Kerngehäuse entfernen.
Die Sandwich-Scheiben ebenfalls entrinden. Dann die Hälfte mit der Gorgonzola-Creme bestreichen und alle Sandwich-Scheiben vierteln. Jeweils etwas Brunnenkresse, eine Birnenspalte und nochmals etwas Kresse auf eine bestrichene Sandwich-Scheibe legen. Anschließend die unbestrichenen Scheiben darauf legen und mit einem Holzstäbchen feststecken.

Rührei-Paprika-Mozzarella-Sandwich

Zutaten: 2 EL fettarme Milch, 1 EL Olivenöl, 3 Eier, eine Paprika, 1 halbe rote Zwiebel, 2 Scheiben Mozzarella, 4 Sandwich Scheiben, Salz & Peffer

Zubereitung:
Sandwichmaker und eine große Pfanne vorheizen.

1 EL Olivenöl in die Pfanne geben. Die Paprika und die Zwiebeln klein schneiden, in die erhitzte Pfanne geben und ca. 5 Minuten anbraten lassen.

Die Eier währenddessen aufschlagen und kräftig verrühren. Dann die Eiermischung in die Pfanne geben. Das Omelette so lange braten, bis es leicht gebräunt ist.

Anschließend das Omelette in 4 Quadrate schneiden und auf 4 Toast-Scheiben verteilen. Jeweils 1 Scheibe von dem Mozzarella auf 2 Omelettescheiben legen und je 1 Toast-Scheibe darauf legen.

Sandwiches im Sandwichmaker goldbraun toasten und servieren.

Pesto-Mozzarella-Sandwich

Zutaten: 4 Toastscheiben, ein paar Cocktailtomaten, 1 Packung Mozzarella, 1 Stängel Basilikum, 3 EL Pesto, Salz & Pfeffer, Olivenöl

Zubereitung:
Zuerst die Sandwich-Scheiben gleichmäßig mit Pesto bestreichen.

Den Mozzarella und die Tomaten in Scheiben schneiden und anschließend auf die Sandwich-Scheiben legen.

Basilikum waschen, trocknen und ebenfalls auf die Sandwiches legen.

Platten des Sandwichmakers leicht mit Olivenöl bestreichen. Am besten Pinsel verwenden.
Sandwiches im Sandwichmaker goldbraun toasten und servieren.

Zwiebel-Mais-Sandwich

Zutaten: 8 Scheiben Raclette Käse, 8 Scheiben Vollkorntoast, 3 kleine rote Zwiebeln, 1 kleine Dose Mais, etwas Butter, etwas Petersilie, etwas Essig, 2 EL Zucker, Salz & Pfeffer

Zubereitung:
Zuerst die Zwiebeln in Scheiben schneiden und die Petersilie klein schneiden. Danach beides für ungefähr 3-4 Minuten anbraten und mit Salz und Pfeffer würzen. Dann den Zucker darüber streuen und nochmal kurz anbraten. Alles mit dem Essig ablöschen und auf mittlerer Htze reduzieren.

Die Sandwich-Scheiben mit dem Käse, den Zwiebeln und dem Mais belegen.

Dann die Sandwich-Scheiben von außen mit etwas Butter bestreichen und in den Sandwichmaker legen.

Walnuss-Feigen-Brie-Sandwich

Zutaten: 8 Scheiben Vollkorntoast, 200 g Brie, 2 Feigen, 60 g Walnusskerne, 2 EL flüssiger Honig, Salz & Pfeffer

Zubereitung:
Zuerst die Feigen und den Brie in dünne Scheiben schneiden.

Danach die Walnusskerne grob hacken und in einer Pfanne ohne Öl rösten bis sie schön gebräunt sind.

Dann je eine Sandwich-Scheibe mit den Briescheiben belegen. Die Feigen und die Walnusskerne darauf verteilen und alles mit ein wenig Honig beträufeln. Zum Abschluss noch mit einer kleinen Prise Salz und Pfeffer würzen. Die Sandwich-Scheibe mit einer weiteren Scheibe bedecken und in den Sandwichmaker legen.

Rucola-Ricotta-Sandwich

Zutaten: 12 Scheiben Sandwichtoast, 250 g Rucola, 250 g Ricotta oder Frischkäse, 6 Cocktailtomaten, Salz & Pfeffer

Zubereitung:
Zuerst den Ricotta oder Frischkäse mit dem Rucola vermengen. Dann die Sandwich-Scheiben mit der Ricotta-Rucola-Creme bestreichen.

Danach die Sandwich-Scheiben mit den bereits in Scheiben geschnittenen Tomaten belegen.

Anschließend mit den restlichen Sandwich-Scheiben verschließen und im Sandwichmaker goldbraun toasten.

Weißkraut-Honig-Sandwich

Zutaten: 4 Scheiben Sandwichtoast, 2 EL Kräuterfrischkäse, 2 EL Wildblütenhonig, 6–10 Ringe rote Chilis oder 2 EL Chiliflocken

Zubereitung:
Zwei Scheiben Toasts mit dem Kräuterfrischkäse bestreichen. Anschließend auf jedem Sandwich etwas Weißkrautsalat verteilen. Vorher abtropfen, damit der Toast nicht durchweicht. Anschließend mit den Chilis würzen.

Anschließend mit einer Gabel etwas Honig auf den Sandwiches verteilen und anschließend die Sandwiches mit einer weiteren Toastscheibe verschließen.

Im Sandwichmaker goldbraun toasten.

South-Beach-Sandwiches

Zutaten: 2 EL Pinienkerne, 2 EL Ricotta, 2 EL Mayonnaise, 2 EL gemahlene Haselnüsse, Salz & Pfeffer, 4 Scheiben Vollkorn-Sandwichtoast, 100 g Rucola, 150 g Karotten

Zubereitung:
Karotten schälen und fein raspeln. Rucola waschen und in Stücke schneiden. Pinienkerne in einer Pfanne goldbraun rösten.

Karotten, Rucola, gemahlene Haselnüsse und Mayonnaise in einer Schüssel vermengen. Anschließend mit Pfeffer und Salz würzen.

Die Mischung auf jeweils eine Sandwichscheibe auftragen und Pinienkerne darüber streuen. Beide Sandwiches mit einer weiteren Scheibe verschließen und im Sandwichmaker goldbraun toasten.

Käse-Möhren-Sandwich

Zutaten: 4 Scheiben Sandwichtoast, 1 Möhre, 5 TL gehackte Walnüsse, 100 g geriebener Käse (z.B. Emmentaler), 2 TL Currypulver, Salz & Pfeffer

Zubereitung:
Möhre schälen und raspeln. Mit den gehackten Walnüssen vermengen und mit Salz und Pfeffer würzen. Dieser Mischung ebenfalls den geriebenen Käse und etwas Currypulver hinzufügen.

2 Scheiben Toast jeweils mit dieser Mischung großzügig bestreichen. Diese Sandwiches mit einer weiteren Scheibe Toast verschließen und im Sandwichmaker goldbraun toasten.

Wildkräuter-Sandwich

Zutaten: 4 Scheiben Sandwichtoast, 4 Blätter Löwenzahn, 60 g Butter, 2 Blätter Giersch, 2 Scheiben Schmelzkäse, 2 TL Tomatenmark, Salz & Pfeffer

Zubereitung:
Zuerst die Butter mit dem Tomatenmark vermengen. Mit Salz und Pfeffer abschmecken. Wildkräuter waschen.

Die vier Scheiben Sandwichtoast mit Tomatenbutter bestreichen. Dann die anderen Seiten mit Wildkräutern und Scheibenkäse belegen. Die Tomatenbutter ist also an den Außenseiten des Sandwiches.

Die Sandwiches im Sandwichmaker goldbraun toasten.

Feta-Sandwich

Zutaten: 4 Scheiben Sandwichtoast vollkorn, 150 g Feta, 150 g Zucchini, 1 TL Honig, 100 g Naturjoghurt, 2 EL Thymian, 50 ml Olivenöl, 2 EL eingelegte Peperoni, Salz & Pfeffer

Zubereitung:
Feta-Käse in einer Schüssel mit einer Gabel zerdrücken. Honig, Joghurt, Salz und Pfeffer hinzufügen und alles vermengen.

Zucchini waschen und in feine Scheiben schneiden. Thymian säubern und zupfen. Dann 2 Scheiben des Toasts mit den Zucchinischeiben belegen und etwas Öl darüber geben. Anschließend mit Thymian garnieren. Zwei weiteres Toast-Scheiben mit der Feta-Creme bestreichen und mit den eingelegten Peperoni auf die anderen Sandwich-Scheiben legen.
Die so entstandenen Sandwiches im Sandwichmaker goldbraun toasten.

Gorgonzola-Weintrauben-Sandwich

Zutaten: 4 Scheiben Sandwichtoast, 250 g rote Weintrauben kernlos, 50 g weiche Butter, 150 g Gorgonzola, 50 g Walnusskerne, etwas Öl

Zubereitung:
Weintrauben waschen, abtropfen und in Hälften schneiden. Die Walnusskerne grob hacken. Den Gorgonzola-Käse in feine Scheiben schneiden.

Zwei der Toasts mit etwas Butter bestreichen. Darauf den Gorgonzola und die Weintrauben schichten. Die gehackten Walnüsse auf den Sandwiches verteilen und beide mit einer weiteren Sandwich-Scheibe verschließen.

Die Sandwiches im Sandwichmaker goldbraun toasten.

Sandwiches mit Olivenpaste

Zutaten: 4 Scheiben Sandwichtoast, 4 EL Basilikum, 2 EL Olivenpaste (Tapenade), 100 g Feta, 2 rote Paprikaschoten aus dem Glas, Salz & Pfeffer

Zubereitung:
Zuerst Paprikaschoten aus dem Glas nehmen, abtropfen und in dünne Scheiben schneiden. Zwei der Sandwichscheiben dünn mit Olivenpaste bestreichen. Basilikumblätter waschen und etwas klein schneiden. Paprikastücke, Basilikum und Fetabrösel auf der Olivenpaste verteilen. Mit Salz und Pfeffer würzen.

Sandwiches mit einer weiteren Scheibe verschließen und im Sandwichmaker goldbraun toasten.

Spiegelei-Sandwich

Zutaten: 2 Scheiben Toast, 2 Eier, 75 g Bergkäse, 1 TL Butter, 1 TL Olivenöl, 1 Prise Pfeffer

Zubereitung:
Zuerst das Olivenöl in einer Pfanne erhitzen und die beiden Eier als Spiegelei braten. Anschließend mit Salz und Pfeffer würzen.

Danach die Spiegeleier auf eine Sandwich-Scheibe legen. Darüber kommt der Bergkäse. Die andere Sandwich-Scheibe als Deckel darüber legen.

Im Sandwichmaker goldbraun toasten.

Pesto-Sandwich

Schwierigkeitsgrad: leicht
Zeitaufwand: ca. 8–10 Minuten

Zutaten für 4 Portionen: 8 Scheiben Sandwichtoast (Weizen, wahlweise auch Vollkorn) 4 Scheiben Schmelzkäse, wie beispielsweise Sandwichkäse 1 große Tomate 1 Lollo Rosso 4 Esslöffel Pesto Genovese 8 schwarze Oliven 8 Blätter Basilikum etwas Parmesam (je nach Geschmack)

Zubereitung:
Die Tomate waschen und in 8 Scheiben schneiden. Vom Lollo Rosso 8 Blätter abzupfen, diese Blätter waschen und auf Küchentücher trocknen lassen.

Die Oliven entsteinen und in dünne Stücke schneiden.

Damit das Sandwich nicht so schnell durchweicht, ist das Brot im Toaster etwas vorzurösten.

Das Brot mit dem Schmelzkäse belegen und darauf etwas Pesto Genevese streichen.

Der Reihe nach die Tomatenscheiben, den Lollo Rosso, die Oliven sowie das Basilikum darauf drapieren.

Zur Verfeinerung noch etwas Parmesan darüber streuen bzw. darüber reiben.

Als Deckel noch eine weitere Scheibe Sandwichtoast verwenden und alles leicht andrücken.

Die beiden Außenseiten mit etwas Margarine oder Butter verteilen und dann die Sandwiches in den vorgeheizten Sandwichmaker legen.

Die belegten Sandwiches für ca. 5 Minuten, bzw. bis sie goldbraun sind, backen lassen.

10. Brote einmal halbieren und dann noch heiß servieren.

Sandwiches mit Feta und Zucchini

Schwierigkeitsgrad: leicht
Zeitaufwand: in etwa 15 Minuten

Zutaten für 4 Personen: 8 Scheiben Sandwichtoast 150 Gramm Schafkäse (Feta) 1 junge Zucchini (ca. 150 Gramm) 50 Gramm fester Naturjoghurt 1 Messerspitze Honig 4 Zweige Thymian 2 Teelöffel Olivenöl 1 Esslöffel eingelegte Peperoni oder kleine entsteinte Oliven 1 Frühlingszwiebel Salz Pfeffer, Ein bisschen Margarine fürs Bestreichen

Zubereitung:

Zu Beginn der Zubereitung sollte auch schon mal an das Vorheizen des Sandwichmakers gedacht werden.

Je nach Geschmack ist die entsprechende Anzahl Frühlingszwiebeln zu waschen, putzen sowie komplett in feine Scheiben zu schneiden.

Der Schafskäse ist mit einer Gabel zu zerkleinern und mit den Frühlingszwiebeln sowie dem Joghurt zu vermengen. Diese Mischung ist mit Honig, etwas Salz sowie Pfeffer zu würzen.

Die Zucchini ist zu waschen, zu putzen und dann in dünne Scheiben zu schneiden. Der Thymian ist zu waschen und trocken zu schütteln. Nachdem die Blättchen etwas trockener sind, sind diese von den Zweigen zu entfernen und mit den Zucchinischeiben sowie dem Olivenöl zu vermengen. Sodann ist nach Geschmack mit Salz zu würzen.

Auf einer der beiden Toastscheiben ist die Schafkäsemischung zu streichen. Auf die Schafkäsemasse sind die dann Zucchinischeiben zu legen.

Wahlweise kann die Käsemasse auch noch mit Oliven oder Peperoni verfeinert werden.

Nachdem das Sandwichtoast komplett belegt wurde, ist nunmehr eine weitere Scheibe Toastbrot auf die

Zucchinischeiben zu legen. Es hält noch besser, wenn man die Sandwichscheiben leicht andrückt.

Die Sandwiches sind von außen mit etwas Margarine zu bestreichen.

Jetzt sind die Sandwiches startklar und können in den Sandwichmaker gelegt werden. Wenn die Feta-Zucchini-Sandwiches goldbraun sind, können sie herausgenommen werden.

Am besten schmecken sie, wenn man sie heiß serviert.

Spinat Sandwich

Zutaten: 4 Scheiben Toast (Vollkorn- oder Weizentoast), 120 Gramm Babyspinat, ½ Knoblauchzehe, Öl, Salz, Pfeffer, 1 Tomate, Käse

Zubereitung:

Als erstes wäschst du den Babyspinat und trocknest ihn gut ab. Als nächstes gibst du den Spinat zusammen mit dem klein gehackten Knoblauch in eine mit Öl erhitzte Pfanne, würzt es mit Salz und Pfeffer und lässt das Ganze kurz andünsten.

Als nächstes würfelst du die Tomate und bestreichst die Toastscheiben auf den Innenseiten mit Butter. Belege das Brot nun zunächst mit dem Käse, anschließend legst du den Spinat darauf und gibst die Tomate hinzu. Lege das Sandwich für wenige Minuten in den Sandwichmaker und genieße dein Popeye-Sandwich für mehr Power.

Sandwiches mit Feta und Zucchini

Schwierigkeitsgrad: leicht
Zeitaufwand: in etwa 15 Minuten

Zutaten für 4 Personen: 8 Scheiben Sandwichtoast 150 Gramm Schafkäse (Feta) 1 junge Zucchini (ca. 150 Gramm) 50 Gramm fester Naturjoghurt 1 Messerspitze Honig 4 Zweige Thymian 2 Teelöffel Olivenöl 1 Esslöffel eingelegte Peperoni oder kleine entsteinte Oliven 1 Frühlingszwiebel Salz Pfeffer, Ein bisschen Margarine fürs Bestreichen

Zubereitung:

Zu Beginn der Zubereitung sollte auch schon mal an das Vorheizen des Sandwichmakers gedacht werden.

Je nach Geschmack ist die entsprechende Anzahl Frühlingszwiebeln zu waschen, putzen sowie komplett in feine Scheiben zu schneiden.

Der Schafskäse ist mit einer Gabel zu zerkleinern und mit den Frühlingszwiebeln sowie dem Joghurt zu vermengen. Diese Mischung ist mit Honig, etwas Salz sowie Pfeffer zu würzen.

Die Zucchini ist zu waschen, zu putzen und dann in dünne Scheiben zu schneiden. Der Thymian ist zu waschen und trocken zu schütteln. Nachdem die Blättchen etwas trockener sind, sind diese von den Zweigen zu entfernen und mit den Zucchinischeiben sowie dem Olivenöl zu vermengen. Sodann ist nach Geschmack mit Salz zu würzen.

Auf einer der beiden Toastscheiben ist die Schafkäsemischung zu streichen. Auf die Schafkäsemasse sind die dann Zucchinischeiben zu legen.

Wahlweise kann die Käsemasse auch noch mit Oliven oder Peperoni verfeinert werden.

Nachdem das Sandwichtoast komplett belegt wurde, ist nunmehr eine weitere Scheibe Toastbrot auf die

Zucchinischeiben zu legen. Es hält noch besser, wenn man die Sandwichscheiben leicht andrückt.

Die Sandwiches sind von außen mit etwas Margarine zu bestreichen.

Jetzt sind die Sandwiches startklar und können in den Sandwichmaker gelegt werden. Wenn die Feta-Zucchini-Sandwiches goldbraun sind, können sie herausgenommen werden.

Am besten schmecken sie, wenn man sie heiß serviert.

Spinat Sandwich

Zutaten: 4 Scheiben Toast (Vollkorn- oder Weizentoast), 120 Gramm Babyspinat, ½ Knoblauchzehe, Öl, Salz, Pfeffer, 1 Tomate, Käse

Zubereitung:

Als erstes wäschst du den Babyspinat und trocknest ihn gut ab. Als nächstes gibst du den Spinat zusammen mit dem klein gehackten Knoblauch in eine mit Öl erhitzte Pfanne, würzt es mit Salz und Pfeffer und lässt das Ganze kurz andünsten.

Als nächstes würfelst du die Tomate und bestreichst die Toastscheiben auf den Innenseiten mit Butter. Belege das Brot nun zunächst mit dem Käse, anschließend legst du den Spinat darauf und gibst die Tomate hinzu. Lege das Sandwich für wenige Minuten in den Sandwichmaker und genieße dein Popeye-Sandwich für mehr Power.

Eiercreme-Sandwich

Schwierigkeitsgrad: leicht
Zeitaufwand: ca. 30 Minuten

Zutaten für 6 Portionen: 12 Scheiben Sandwichbrot 4 Eier 1 Teelöffel Senf 2 Esslöffel Olivenöl 100 Gramm Crème fraîche 1 kl. Bund Petersilie Salz Pfeffer Etwas Margarine oder Butter zum Bestreichen

Zubereitung:

Die Eier in heißes gesalzenes Wasser legen und für ca. 11 Minuten hart kochen lassen. Die fertigen Eier kalt abschrecken lassen sowie die Schale entfernen. Sobald die Eier etwas abgekühlt sind, sind diese zu halbieren sowie die Eigelbe herauszulösen. Mit einem Pürierstab diese mit Öl, Crème fraîche sowie Senf fein pürieren. Mit frischem Pfeffer und Salz noch verfeinern.

Die Eiweiße in feine Stücke schneiden. Die Petersilie unter kaltes Wasser halten und auf Küchentüchern kurz trocknen lassen. Sobald diese etwas getrocknet ist, ist sie ganz fein zu hacken. Die Petersilie sowie die Eierwürfel zu der Eiercreme geben und vorsichtig vermengen.

Die Toastscheiben etwas vortoasten und 6 der Scheiben mit der Eiercreme bestreichen. Die weiteren Toastscheiben jeweils darauf verteilen und leicht andrücken.

Das Brot von außen mit etwas Margarine bestreichen und in den heißen Sandwichmaker legen. Dort die Sandwiches goldbraun backen lassen und noch warm servieren.

Oliven-Sandwich

Schwierigkeitsgrad: einfach
Zeitaufwand: etwa 20 Minuten

Zutaten für 2 Portionen: 4 Scheiben Sandwichtoast (am besten Vollkorn) 40 Gramm grüne Oliven (ohne Stein) 1–2 feste Tomaten 1 kleine Salatgurke 60 Gramm Fetakäse (auf Wunsch kann man auch mehr Käse nehmen) 2 Esslöffel Ajvar aus dem Glas (Paprikapaste; je nach Belieben mild oder scharf) 2 Esslöffel Schafsmilchjoghurt (wahlweise Naturjoghurt) Schwarzer Pfeffer aus der Mühle Salz Ein paar Blätter Eisbergsalat 200 Gramm Dickmilch

Zubereitung:
Oregano waschen und auf Küchentüchern etwas trocknen lassen. Sodann die Blättchen abzupfen.

Die Oliven sind in feine Scheiben zu schneiden.

Die Tomaten unter kaltem Wasser waschen und dann halbieren, entkernen. Nach Entfernung der Stielansätze sind diese in feine Streifen zu schneiden.

Die Salatgurke schälen sowie in Scheiben schneiden.

Den Fetakäse etwas abtropfen lassen und mit einer Gabel zerkleinern. Fetakäse mit Oliven, Oregano, Tomaten sowie Gurken mischen und mit Salz und frischem Pfeffer abschmecken.

Ajvar mit Joghurt mischen und diese Mischung auf die Toastscheiben streichen. Die Käse-Gemüse-Masse auf die weiteren Toastscheiben verteilen. Nunmehr die mit Ajvar bestrichenen Brotscheiben als Deckel auflegen und alles leicht andrücken.

Im vorgeheizten Sandwichmaker die einzelnen Sandwiches goldbraun „toasten" lassen.

In der Zwischenzeit die Dickmilch mit Salz und Pfeffer schmecken und als Dipp zu den fertigen Sandwiches geben.

Am besten schmecken die Sandwiches, wenn diese noch heiß serviert werden.

Champignon-Sandwich

Schwierigkeitsgrad: simpel
Zeitaufwand: 10–25 Minuten

Zutaten für 4 Portionen: 8 Scheiben Sandwichtoast (je nach Geschmack Weizen oder Vollkorn) 250 Gramm Champignons 1 Zwiebel 150 Gramm geriebenen Käse, wie beispielsweise Emmentaler 1 Esslöffel Pflanzenöl Salz Pfeffer aus der Mühle

Zubereitung:
Die Zwiebel schälen sowie in feine Würfel schneiden. Die Champignons putzen sowie in feine Scheiben schneiden.

Das Pflanzenöl in einer beschichteten Pfanne erhitzen und dann die Zwiebelwürfel in dem heißen Öl glasig anschwitzen.

Die Champignonscheiben zu den angeschwitzten Zwiebeln geben und unter ständigem Rühren ca. 5 Minuten garen. Sollte die eventuell entstandenen

Flüssigkeit schon vorher verdampft sein, ist die Champignon-Zwiebel-Mischung auch schon früher fertig. Die Mischung ist dann noch mit Pfeffer und Salz zu würzen.

Sodann das gebratene Gemüse auf 4 Toastscheiben verteilen und den geriebenen Käse darüber streuen. Wahlweise kann man den Käse auch selbst darüber reiben.

Zum Abschluss fehlt jetzt nur noch die zweite Sandwichtoastscheibe.

Die Außenseiten der Toastscheiben sind mit etwas Margarine zu bestreichen, sodass sie im Sandwichmaker nicht ankleben.

Jetzt sind die Champignon-Sandwiches startklar und können in den vorgeheizten Sandwichtoaster gelegt werde. Sobald sie goldbraun sind, sind sie aus dem Sandwichtoaster herauszunehmen und noch warm zu genießen.

Spinat-Taleggio-Sandwich

Schwierigkeitsgrad: leicht
Zeitaufwand: ca. 30 Minuten

Zutaten für 4 Portionen: 8 Scheiben Toastbrot (am besten Sandwichtoast) 300 Gramm Spinat 150 Gramm Taleggio (oder einen anderen Käse) Salz Olivenöl Pfeffer aus der Mühle

Zubereitung:
Den Spinat waschen und für ca. 2 Minuten in kochendem Salzwasser blanchieren. Es ist darauf zu achten, dass der blanchierte Spinat gut abgetropft wird. Nachdem der Spinat gut abgetropft ist, ist dieser in kleine Stücke zu schneiden. Den Spinat mit etwas Salz, Olivenöl sowie Pfeffer vermengen.

Den Taleggio (oder anderen Käse) etwas verkleinern.

Ein paar Tropfen Öl auf die Innenseiten der Toastscheiben geben und auf der einen Seite dann den Spinat sowie den Taleggio legen. Zur Perfektionierung die zweite Scheibe Toast drauflegen und etwas andrücken.

Auf die Außenseiten der Brotscheiben etwas Margarine verteilen und dann die Sandwiches der Reihe nach in den heißen Sandwichtoaster legen. Die Sandwiches sollten von beiden Seiten goldbraun gebacken und dann frisch zubereitet genossen werden.

Italienisches Sandwich

Schwierigkeitsgrad: simpel
Zeitaufwand: etwa 10 Minuten

Zutaten für 2 Portionen: 4 Scheiben Toastbrot (am besten Sandwichtoast) 1 Kugel Mozzarella 1 Esslöffel Pesto a la Genovese 1 Esslöffel Tomatenmark 4 Blätter Basilikum 2 getrockenete Tomaten (in Öl eingelegt) Pfeffer (frisch gemahlen) Salzwasser Butter zum Bestreichen Als Beilage: 1 frische Avocado mit Schnittlauch

Zubereitung:
Die Toastscheiben mit dem Pesto sowie dem Tomatenmark bestreichen. Den Mozzarella abtropfen lassen sowie in vier Scheiben schneiden. Die Mozzarellascheiben auf die Toastbrote legen. Mit Pfeffer und Salz würzen.

Basilikumblätter sowie die Tomaten darauf drapieren.

Die weitere Scheibe Toast darauflegen und sodann von außen mit Margarine oder Butter bestreichen.

Die fertig belegten Sandwiches in den heißen Sandwichmaker legen und goldbraun toasten lassen.

Dazu eine geschnittene Avocado servieren. Die Avocado hierfür mit einem Esslöffel aus der Schale lösen und in Scheiben schneiden. Mit frischem Zitronensaft, etwas Olivenöl und groben Salz würzen. Schon kann das heiße Sandwich nach italienischer Art mit der Avocado serviert werden.

Möhren-Käse-Sandwich

Schwierigkeitsgrad: leicht
Zeitaufwand: etwa 25 Minuten

Zutaten für 2 Portionen: 4 Scheiben Sandwichtoast in Vollkorn 1 große Möhre 50 Gramm Emmentaler 30 Gramm Walnusskerne 2 Teelöffel Currypulver Salz

Zubereitung:
Die Möhren waschen, schälen sowie fein raspeln.

Die Walnüsse in feine Stücke hacken sowie den Emmentaler reiben.

Die Möhrenraspeln mit dem Käse, den Walnüssen, Salz sowie Curry vermengen. Masse auf zwei der Toastscheiben verteilen und im Sandwichmaker etwa 5 bis 8 Minuten goldbraun backen lassen.

Damit die Sandwiches nicht ankleben, wird empfohlen, dass die Außenseiten der Sandwiches vor Backen mit Margarine leicht bestrichen werden.

Tofu-Pfirsich-Sandwich

Schwierigkeitsgrad: einfach
Zeitaufwand: zwischen 25 und 35 Minuten

Zutaten für 4 Portionen: 8 Scheiben Weizentoast (am besten Sandwichtoast) 4 Pfirsiche (nicht zu weich) 500 Gramm fester Tofu 2 Esslöffel Öl ½ Teelöffel Chiliflocken (getrockneten geschrotete Chilis) 200 Gramm Frischkäse (ca. 12 % Fett abs.) 2 Teelöffel Currypulver 2 Handvoll Rucola Salz Schwarzer Pfeffer aus der Mühle

Zubereitung: 1. Die Pfirsiche unter kaltem Wasser waschen und mit einem Küchentuch tropfen tupfen und entsteinen. Die Pfirsichhälften nunmehr in dünne Spalten schneiden.

Den Tofu in 8 dünne Scheiben schneiden. Das Öl erhitzen und den Tofu im heißen Öl pro Seite ca. 1 Minute anbraten. Das Tofu mit Salz, frischem Pfeffer sowie den Chiliflocken abschmecken und dann auf einem Teller abkühlen lassen.

In der Zwischenzeit den Sandwichmaker schon einmal vorheizen.

Den Frischkäse mit Salz, Pfeffer und Currypulver vermengen.

Die Toastscheiben im Toaster vorrösten. Diese kurz abkühlen lassen und alle mit dem gewürzten Frischkäse bestreichen.

Rucola waschen, putzen sowie mit Küchentüchern vorsichtig trocken tupfen. Den Rucola dann auf die Hälfte der Toastscheiben drapieren.

Nunmehr dürfen auch die Pfirsichspalten sowie die Tofuscheiben dem Rucola Gesellschaft leisten.

Zum Abschluss noch die andere Hälfte der Toastscheiben drauf legen und leicht andrücken. Die beiden Außenseiten mit etwas Margarine bestreichen, damit diese nicht anbacken.

Nunmehr sind die belegten Brote startklar. Diese in den heißen Sandwichtoaster legen und ca. 5 Minuten backen lassen.

Das Ratatouille-Sandwich

Schwierigkeitsgrad: leicht
Zeitaufwand: ca. 45 Minuten

Zutaten für 2 Portionen: 4 Scheiben Vollkorntoast (am besten Sandwichtoast) 1 rote Spitzpaprika 75 Gramm Zucchini 75 Gramm Aubergine 1 Tomate 1 rote Zwiebel 50 Gramm Cashewkerne 2 Esslöffel Tomatenmark 4 Esslöffel Olivenöl 5 Zweige Oregano 5 Zweige Thymian 2 Knoblauchzehen 2 Messerspitzen Chiliflocken 1 Handvoll Rucola Salz

Zubereitung:
Paprika waschen, halbieren und die Kerne entfernen. Die Paprikahälften würfeln. Etwa 1/3 der Paprikawürfel mit Salz, Chiliflocken, Cashewkernen sowie Tomatenmark mit einem Pürierstab zerkleinern.

Aubergine sowie Zucchini waschen, putzen und sodann in kleine Stückchen schneiden. Öl in einer Pfanne erhitzen und Aubergine, Zucchini sowie die restlichen Paprikawürfel für etwa 8 Minuten anbraten.

Während Auberginen, Paprika und Zucchini braten, ist die Tomate zu waschen, der Stielansatz zu entfernen sowie die Tomate in grobe Würfel zu schneiden.

Die Kräuter (Oregano und Thymian) waschen, trocken tupfen sowie fein hacken. Knoblauch sowie die Zwiebeln von der Schale befreien und in feine Stücke hacken.

Die Kräuter, Tomaten, Knoblauch sowie die Zwiebeln in die sehr heiße Pfanne werfen und alles bei schwacher Htze für ca. 5 Minuten köcheln lassen. Das Gemüse mit Salz abschmecken.

Rucola waschen und zum Trocknen auf Küchentücher legen.

Die Toastscheiben etwas vorrösten. Diese dann mit der Paprikacreme bestreichen. Auf die Hälfte der Scheiben den Rucola sowie das Ratatouille verteilen und dann mit den übrigen Sandwichscheiben abdecken. Alles etwas andrücken und dann von beiden Seiten mit etwas Butter oder Margarine bestreichen.

In den vorgewärmten Sandwichmaker legen und für ca. 5 Minuten braten lassen. Sollten sie schon vorher goldbraun sein, sind sie schon vorher herauszunehmen.

Die fertigen Sandwiches halbieren und noch warm servieren. Dieses Rezept ist auch perfekt, wenn man Besuch bekommt.

süße Varianten

Limetten-Schokoladen-Sandwich

Zutaten: 75 g Zartbitterschokolade mit Haselnüssen, 8 Scheiben Sandwichtoast, 4 EL Gelee

Zubereitung:
Die Schokolade kleinhacken. Dann die Toastscheiben gleichmäßig mit dem Limetten-Gelee bestreichen. 4 Toastscheiben mit der Schokolade bestreuen und mit den restlichen Scheiben zu 4 Sandwiches zusammensetzen.

Im Sandwichmaker goldbraun toasten.

Monte-Christo-Sandwich

Zutaten: 1 Ei, 1 TL Senf, 1 TL Marmelade, (Erdbeere oder Himbeere), 2 Scheiben Kochschinken, 4 Scheiben Sandwichtoast, 2 Scheiben Schmelzkäse, etwas Milch, etwas Butter, 1 EL Ahornsirup, 1 EL Puderzucker

Zubereitung:
Alle vier Toastscheiben werden von beiden Seiten mit der Butter bestrichen. Daraufhin werden die beiden Sandwiches mit einer Scheibe Käse, einer Scheibe Kochschinken und einer Scheibe Putenbrust belegt und mit einem weiteren Toast geschlossen.

Der Sandwichmaker wird bereits jetzt angeschaltet, um auf Temperatur zu kommen.

Das Ei wird mit etwas Milch verrührt, sodass eine flüssige Masse entsteht. Die beiden belegten

Sandwiches werden in diese Maße gelegt und gewendet.

Ist der Sandwichmaker auf der gewünschten Temperatur und einsatzbereit, wird dieser mit Butter ausgestrichen. Die beiden Sandwiches werden eingelegt und circa fünf Minuten getoastet.

Anschließend können die Monte Christo Sandwiches aus dem Sandwichmaker entnommen werden. Serviert werden diese am besten heiß mit süßer Marmelade oder herzhaft mit Senf.

Bananen-Nutella-Sandwich

Zutaten: 4 Scheiben Toast, 1 Banane, Nutella

Zubereitung:
Die Toastscheiben gut mit Nutella bestreichen und mit den Bananenscheiben belegen. Je 2 Toasts zusammenklappen und im Sandwichmaker goldbraun toasten.

Apfeltaschen

Zutaten: 6 Äpfel, 2 EL Zucker, 6 EL Apfelsaft, 2 Blatt Blätterteig, Zimt, Vanilleeis

Zubereitung:
Die Äpfel schälen und in kleine Stücke schneiden. Die Apfelstücke dann mit dem Zucker und dem Apfelsaft zu einem Kompott aufkochen. Es sollten ein paar Stücke bestehen bleiben.

Zwei Lagen des Blätterteigs auf die Größe des Sandwichmakers zuschneiden und eine Lage einlegen.

Die Felder des Sandwichmakers nun mit dem fertigen Apfelkompott füllen, Zimt hinzugeben und mit der zweiten Lage Blätterteig abdecken. Danach den Deckel schließen.
Den Deckel erst nach ungefähr 9 Minuten öffnen, da der Blätterteig sonst am Rand aufgehen kann und die Tasche nicht ordentlich verschließt.

Kaba-Sandwiches

Zutaten: 4 Scheiben Sandwichtoast, 4 EL Kaba Kakaopulver, 4 EL Butter

Zubereitung:
Ränder der Sandwichscheiben entfernen. 2 Scheiben jeweils mit Butter bestreichen. Auf die Butter jeweils 2 EL Kakaopulver streuen und mit den restlichen Sandwichscheiben verschließen.

Sandwiches im Sandwichmaker goldbraun toasten.

Nutella-Kokos-Sandwiches

Zutaten: 4 Scheiben Sandwichtoast, 1 Ei, 2 TL Zimtzucker, 80 ml Milch, 4 EL Nutella, 4 EL Kokosraspeln, etwas Butter

Zubereitung:
Zuerst die Ränder der 4 Toastscheiben abschneiden. Sandwiches mit einem Nudelholz platt rollen. Zwei Scheiben Toast mit reichlich Nutella bestreichen. Kokosraspeln darüber streuen und mit einer weiteren Scheibe Toast verschließen.

Nun das Ei mit der Milch verquirlen. Beide Sandwiches in diese Flüssigkeit tauschen und darin wenden.

Anschließend die Sandwiches in den Sandwichtoaster legen und etwas toasten. Anschließend mit Zimtzucker überstreuen.

Bananen-Erdnusscreme-Sandwich

Zutaten: 4 Vollkorntoasts, 1 Banane, 1 EL Erdnusscreme je Sandwich, Chia-Samen, 1 TL Honig je Sandwich

Zubereitung:
Jede Sandwich-Scheibe mit der Erdnusscreme bestreichen. Dann die Banane in gleich große Scheiben schneiden und anschließend auf der Erdnusscreme platzieren.

Den Honig gleichmäßig auf der Sandwichscheibe verteilen. Zum Schluss etwas von den Chia-Samen darüber streuen.

Im Sandwichmaker goldbraun toasten.

Marshmallow-Nutella-Sandwich

Zutaten: 4 Scheiben Toastbrot, 1 Glas Nutella, 1 Packung Marshmallows

Zubereitung:
Die eine Hälfte des Toastbrotes dick mit Nutella bestreichen, die zweite Hälfte wird mit Marshmallows belegt. Danach die beiden Scheiben zu einem Sandwich zusammenklappen und in den Sandwichmaker legen.

Bananen-Zimt-Sandwich

Schwierigkeitsgrad: leicht
Zeitaufwand: 10 Minuten

Zutaten für 2 Portionen: 1 Banane 2 Prisen Zimt 2 Teelöffel Zucker 4 Scheiben Sandwichtoast Etwas Butter Etwas Schokocreme (z. B. Nutella; je nach Belieben)

Zubereitung:
Die Banane ist in feine Scheiben zu schneiden und mit dem Zimt zu würzen.

Wer es noch etwas süßer haben möchte, trägt zunächst einmal etwas Schokocreme auf die Toastscheiben auf.

Darauf sind die Bananenscheiben zu verteilen. Die weitere Scheibe Toast ist auf die Bananenscheiben zu legen und leicht anzudrücken.

Die beiden Außenseiten sind mit Butter oder Margarine leicht einzustreichen. Damit der Geschmack noch etwas veredelt wird, ist auf die beiden Außenseiten noch etwas Zucker zu streuen.

Die fertigen Sandwiches sind noch bereit für den vorgeheizten Sandwichtoaster. Dort sind sie so lange zu lassen, bis sie goldbraun gebacken sind.

Sobald die Sandwiches goldbraun sind, sind sie aus dem Sandwichmaker herauszunehmen und noch mit etwas Zimt zu bestreuen.

Am besten schmeckt das Sandwich, wenn man es noch heiß genießt. Dieses Rezept ist perfekt, wenn man einen süßen Zahn hat, welchen man schnell befriedigen möchte.

Schokoladen-Limetten-Sandwich

Schwierigkeitsgrad: leicht
Zeitaufwand: 5 Minuten

Zutaten für 4 Portionen: 8 Scheiben Sandwichtoast aus Weizen 75 g Zartbitterschokolade mit Haselnüssen 4 Esslöffel Limettengelee

Zubereitung:
Bevor man mit der Herstellung des Sandwichtoasts startet, ist zunächst einmal der Sandwichmaker vorzuheizen.

Die Zartbitterschokolade ist in kleine Stücke zu zerkleinern.

Das Limettengelee ist auf die Sandwichscheiben zu verteilen und mit der gehackten Schokolade zu bestreuen.

Die restlichen Sandwichscheiben sind auf die belegten Sandwiches zu drücken.

Im vorgeheizten Sandwichtoaster sind die Sandwiches goldbraun zu backen. Die Sandwiches sind diagonal zu halbieren und warm zu servieren.

Puderzucker-Nutella-Sandwich

Schwierigkeitsgrad: leicht
Zeitaufwand: ca. 20 Minuten

Zutaten für 4 Portionen: 8 Scheiben Weizentoast (am besten Sandwichtoast) 4 Esslöffel Nutella 2 Eier 300 ml Milch Margarine oder Butter Etwas Obst in Scheiben geschnitten (entweder eine Banane, Erdbeeren oder ein paar halbierte Himbeeren) Puderzucker (zum Bestäuben)

Zubereitung: 4 der Toastscheiben mit Nutella bestreichen. Es empfiehlt sich, die Nussnougatcreme etwas früher aus dem Kühlschrank zu holen, damit sie sich besser verstreichen lässt.

Nunmehr das geschnittene Obst auf der Schokocreme drapieren.

Die weitere Scheibe Sandwichtoast rauf legen und leicht andrücken.

Eier und Milch miteinander verquirlen und die Toastbrote in der Ei-Milch-Mischung wenden, bis sie sich vollgesaugt haben.

Die Bleche des Sandwichtoasters leicht mit etwas Margarine bestreichen und die Sandwiches nunmehr rauf legen. Nun goldbraun backen lassen.

Das warme Sandwich mit Puderzucker bestäuben und dann noch warm servieren.

Apfelstrudel im Sandwichmaker

Schwierigkeitsgrad: normal
Zeitaufwand: ca. 20 Minuten

Zutaten für 2 Portionen: 75 Gramm Äpfel (am besten etwas säuerliche Äpfel nehmen) 1 Teelöffel brauner Zucker 1 Esslöffel Fruchtfleisch aus einer Zitrone 20 Gramm Rosinen ½ Teelöffel Zimt 1 Messerspitze Muskatnuss 1 Rolle Blätterteig 2 Teelöffel Honig

Zubereitung:
Die Äpfel waschen und in kleine Stücke schneiden. Zusammen mit braunem Zucker, Zitronenfruchtfleisch, Rosinen, Zitronensaft, Muskatnuss, Zimt sowie Honig in einem Topf geben und auf mittlerer Hitze kochen lassen. Sollte die Apfelmischung schon vorher goldbraun sein, ist diese vorher vom Herd zu nehmen.

Den Blätterteig ausrollen und zwei gleich große Stücke abschneiden. Ein Stück Blätterteig auf den Sandwichmaker legen und etwas von der

Apfelmischung darauf verteilen. Das weitere Blätterteigstück rauf legen und alles gut andrücken.

Den Apfelstrudel ca. 5 Minuten oder bis er knusprig und goldbraun ist, im Sandwichtoaster backen lassen.

Dies mit den weiteren Blätterteigtaschen so wiederholen. Den Apfelstrudel noch warm, wahlweise mit etwas Vanilleeis genießen.

Auch wenn das kein typisches Sandwichrezept ist, wird dieses sicherlich viel Freude bereiten.

Pflegehinweise

Vorweg die wichtigste Frage: **Muss man einen Sandwichmaker reinigen?**
Die Antwort ist ein ganz klares Ja.

Vor allem aus hygienischen Gründen ist die Reinigung des Sandwichmakers erforderlich. Speisereste, egal ob eingebrannt oder nicht, bieten Bakterien und Keimen ideale Bedingungen. Aus einem ungeputzten Toaster wird das leckere Sandwich schnell zum gesundheitlichen Risiko.

Und auch der Stromverbrauch wird vom Zustand des Sandwichtoasters beeinflusst. Ist ein sauberes Gerät energieeffizient, benötigt ein verschmutzter Sandwichtoaster um einiges mehr an Energie, um die benötigte Hitze zu erzeugen und ein wunderbar krosses und schmackhaftes Sandwich zu erzeugen. Zwischen den verunreinigten Heizplatten eingeklemmt ist der Toast wie wärmeisoliert. Diese Schmutz-Isolation muss die Wärme erst einmal durchbrechen, um an den zu toastenden Inhalt zu gelangen und ein köstliches Sandwich daraus zu zaubern.

Auch der Geschmack des sonst so leckeren Gerichts wird von Rückständen der alten Sandwiches verändert. Aus diesen Gründen wird eine Reinigung des Sandwichtoasters definitiv empfohlen.

Schmutz und Essensreste im Sandwichtoaster – was tun?

Bitte niemals die Verschmutzung einfach ignorieren. Sie wird keinesfalls einfach von selbst verschwinden. Und auch mit scharfen Gegenständen wie z.B. einem Messer sollte nicht am Gerät gearbeitet und gekratzt werden. Solche eine radikale Reinigungsmethode beschädigt die praktische Antihaftbeschichtung, was nicht nur aufgrund von aus den Kratzern austretenden Stoffen ungesund ist, sondern auch das positive Erlebnis eines nicht im Gerät festklebenden Sandwiches zerstört.

Wie den Sandwichtoaster überhaupt reinigen?

Vor der Reinigung des Sandwichmakers muss man zwischen den verschiedenen Arten unterscheiden. So gibt es:

-Sandwichtoaster mit fest eingebauten Heizplatten

-Sandwichtoaster mit herausnehmbaren Platten.

Bei einem Toaster mit abnehmbaren Toastplatten ist die Reinigung simpel. Einfach abnehmen, abspülen, fertig. Für Sandwichmaker mit fest installieren Toastschalen gibt es einige hilfreiche Reinigungs-Tipps.

Sofort – Am leichtesten fällt die Reinigung, wenn sie sofort nach dem Gebrauch durchgeführt wird und die antihaftbeschichteten Heizplatten noch warm sind. Dann lassen sich die Verschmutzungen meist leicht mittels einem Küchentuch entfernen.

Erwärmen – Ist das Gerät bereits abgekühlt, hilft es oft, es nochmals kurz einzuschalten und so wieder aufzuwärmen. Meist lassen sich Reste von den warmen Teilen kinderleicht entfernen.

Holz

Klebrige und auch angebrannte Speisereste lassen sich meist vorsichtig abschaben. Dazu auf keinen Fall metallische Dinge wie Messer, Scheren oder Metallschaber wie beispielsweise Rasierklingen verwenden.

Am besten eignen sich Holzspatel, Holz-Schaschlikspieße oder Zahnstocher. Sie erfüllen die Aufgabe des schonenden Entfernens von eingebrannten oder klebrigen Resten optimal.

Anwendung:

> Einfach vorsichtig mit dem Holzspatel die festklebenden Reste abschaben.

Weicher Schwamm und Spülmittel

Althergebracht, aber effektiv ist ein weicher, feuchter Schwamm und Spülmittel.

Anwendung:

> Schwamm anfeuchten

Ein wenig Spülmittel darauf geben

Toast-Fläche reinigen

Zahnbürste

Zur Säuberung der Zwischenräume und Ritzen des Sandwichmakers eignet sich eine weiche Zahnbürste sehr gut. Damit werden auch kleinste Reste an schwer erreichbaren Stellen mühelos entfernt.

Anwendung:

Zahnbürste anfeuchten

Vorsichtig die schwer erreichbaren Stellen reinigen

Q-Tipps/Wattestäbchen

Auch Wattestäbchen, sogenannte Q-Tipps, eignen sich hervorragend zur Reinigung der schwer erreichbaren Stellen und Ritzen.

Anwendung:

Anfeuchten

Loslegen

Einweichen

Sind Käse und andere Speisereste angebrannt und fest geworden, lassen sich diese auch wunderbar durch ein eingelegtes feuchtes Tuch aufweichen.

Anwendung:

- Tuch anfeuchten
- Zwischen die Heizplatten des Sandwichtoasters klemmen
- Toaster schließen
- abwarten
- mit dem Tuch die Toastschalen auswischen

Fettlöser

Auch Fettlöser wie z.B. Alkohol und spezielle Spülmittel haben sich für das Entfernen hartnäckiger Verschmutzungen bewährt. Diese sollten jedoch ausschließlich auf den Toastplatten verwendet werden.

Anwendung:

- Mittel auftragen
- kurz einwirken lassen
- mit feuchtem Schwamm oder Küchentuch abwischen

Backofenreiniger

Auch Backofenreiniger bekommt man als Reinigungsmittel für hartnäckige Verschmutzungen des Sandwichtoasters oft empfohlen.
Anwendung:

- Einsprühen
- einwirken lassen
- abwischen

Wie oft muss ein Sandwichtoaster gereinigt werden?

Bei einem Sandwichtoaster empfiehlt sich die Reinigungnach jeder Benutzung. So werden hartnäckige schwer zu entfernende und angetrocknete

Verschmutzungen verhindert und das Gerät hygienisch rein gehalten.

1. Auflage

Kontakt: JT-Handels-UG/ Berumer Str. 44/ 26844 Jemgum